밥상 위에 차려진 역사 한 숟갈

역사 속 한 끼 식사로 만나는
음식문화사의 모든 것

밥상 위에
차려진
역사
한 숟갈

책들의정원

역사를 듬뿍 얹어
한 술갈 입에 담다

박사 학위를 취득한 후 91년부터 미국 클렘슨대학교^{Clemson University}에서 식품공학 강의를 시작하여 식품공학과 학부생과 대학원생들을 지도해왔다. 벌써 27년이 지났지만 엊그제 일처럼 느껴진다. 수 년 전 아버지께서 90세가 되셨을 때 기분이 어떠하신지 여쭈었더니 지금도 16세 소년 같다고 하신 걸 보면 아마도 인간은 죽지 않고 영원히 살도록 만들어졌는지도 모를 일이다. 건강하고 오래 살려면 좋은 환경과 더불어 좋은 음식을 섭취하는 것이 필수적이다.

지금 생각해도 전공으로 식품공학을 선택한 것이 참 잘한 일이다. 누구나 전공에 자부심을 느끼겠지만 우리가 매일 먹는 음식을 평생 공부한다는 것은 큰 축복이다. 더구나 식품공학 전공자이다 보니 먹는 것에 항상 신경을 쓰고, 외국에 가면 특색 있고 유명한 음식점에 꼭 들리곤 한다. 우리 모두가 즐겨 먹는 한식, 양식, 중식, 일식 그리고 그 외 나라의 음식은 만들어지게 된 지리적 환경과 역사가 있어, 이러한 배경을 알게 되면 해당 음식을 더 즐겁고 맛있게 먹을 수 있다. 또한 각각의 음식에는 사람에 대한 깊은 배려와 예절 그리고 우리 몸을 이롭게 하는 식의동원食醫同源이라는 의식이 잠재되어 있다.

문화는 높은 곳에서 낮은 곳으로 이동하게 되어 있고, 식품 문화도 이와 동일하다. 식품 문화사는 처음 경험에 의한 발견, 발전, 전승 그리고 다른 나라로의 전파나 모방으로 이어진다. 일본에 가면 일본 사람들이 자부심을 느끼는 스시, 소바 그리고 낫토와 같은 음식이 있지만, 이들 식품들이 한국에서 전래되었다는 사실을 알게 되면 일본인들은 무척 놀랄 것이다.

일본에 자주 가게 되면서 현지의 식품 전공자들을 종종 만난다. 그때마다 이들 식품이 한국에서 전래되었고, 일본이 일본만의 특색 있는 제품을 만든 것을 칭찬하면 의아해하곤 한다. 또한 콩의 원산지滿洲이면서 바다에 접해 있는 우리나라가 두부를 만드는 방법을 처음 발견했다고 하면 일본인이나 중국인들 모두 놀라지만 부정할 수 없는 사실이다.

식품을 전공한 자로서 이러한 사실들을 일반인에게 알려야 할 사명감이 있다. 또한 외국을 여행하면서 먹었던 다양한 음식과 이들 음식의 재료와 만드는 과정을 공부하는 것은 매우 경이롭다.

'식품학이시습지 불역열호食品學而時習之 不亦說乎, 식품을 배우고 익히니 즐겁지 아니한가!'

시중에는 음식에 관한 다양한 책들이 있지만 일부 책들이 매우 과학적이지 못한 것을 보면서 식품공학을 연구하는 연구자로서 책임감을 느낀다. 식품에 대한 이해는 식품의 기본 과학적 지식, 지리적 환경, 역사와 문화가 한데 어우러져야 정확한 판단이 가능하다고 본다. 식품에 함유되어 있는 각기 성분의 이화학적인 기초와 맛의 과학에 대한 이해가 있어야 식품의 맛을 제대로 이해할 수 있다.

예로써 우선 식품의 기본 성분에는 쓴맛, 신맛, 짠맛, 단맛이 있다. 우리가 매일 먹는 식품은 주로 단맛, 신맛, 짠맛이 좌우한다. 단맛의 경우, 설탕은 무거운 단맛, 과당은 산뜻한 단맛 그리고 **포도당은 맛밋한** 단맛을 준다. 신맛의 경우, 초산은 찌르는 듯한 강한 신맛, 사과산은 상큼하면서 톡 쏘는 강렬한 신맛, 구연산은 상큼한 신맛, 젖산은 묵직한 신맛을 준다.

소금도 포함된 성분에 따라 짠맛과 쓴맛이 함께 존재하며 쓴맛도 구성 성분에 따라 쓴맛의 형태가 모두 다르다. 식품의 맛은 각기 구성된 식품 성분들이 어우러져 나온 결과이다. 식품의 원재료들은 재배/사육되는 과정과 숙성 과정에서 구성 성분이 지속적으로 변하게 된다. 더구나 식품에 존재한 수많은 성분 중에 한두 가지를 가지고 식품의 유해성을 논하는 것은 극히 위험한 생각일 것이다.

《밥상 위에 차려진 역사 한 숟갈》은 2015년 겨울부터 시작한 조선일보 〈아하! 이 음식〉에서 인기 있었던 칼럼들을 '책 밥상' 위에 맛깔스럽게 올려낸 노력의 결과물이다. '그냥 홍시 맛이 나서 홍시라 생각한 것인데'라고 말한 대장금도 맛보지 못한 음식들이 잘 차려져 있다. 하지만 필자는 이러한 음식들을 직접 맛보고 썼으니 더욱 사실적인 표현들로 풀어냈으리라 생각한다. 더불어 이 음식들이 다양한 역사 에피소드와 버무려져 있으니 더욱 읽음직스럽지 아니한가라고 묻고 싶다.

이 책을 읽으면서 바로 옆에 먹거리들을 갖다 놓고 입으로 읽어도 좋다. 읽고 나서 또는 읽다가 문득 그 음식이 먹고 싶으면 당장에 시식해 보아도 좋다. 이처럼 "이 책 맛있게 읽겠습니다" 하는 마음가짐으로 읽어준다면 더없이 좋을 듯하다.

2018년 9월

박현진

contents

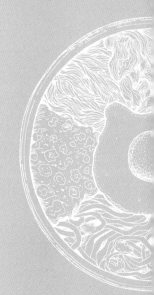

3장 혼자여도 다채롭다

4장 한국의 전통 음식을 찾아서

5장 식품의 발전은 어떻게 이루어졌나

6장 비슷하면서도 다른 듯한

1장

기다림의
미학

한국의 소울푸드를 만나다
김치와 묵은지

김치는 대표적인 한국의 발효 저장 식품이다. 김치는 2013년 기준으로 한국인 1인당 1일 소비량이 65g에 달할 정도로 한국인에게는 빼놓을 수 없는 중요한 음식이다. 한반도에서 농업이 시작된 것은 기원전 3,000년경으로 추정된다. 원시인들은 원시 토기에 약간 시든 채소를 바닷물이 담긴 항아리에 넣어 두면 신맛이 생기면서 오랫동안 보관할 수 있음을 알게 되었다. 그 이유는 채소에 유산균^{루코노스톡}이 증식하여 신맛을 내는 유기산을 생성하기 때문이다. 이것이 최초의 김치이다. 김치는 채소를 이용한 대표적인 유산균 발효식품이다. 김치는 비교적 낮은 염농도에서 채소를 절여 아삭한 식감을 가지며 유산 발효로 신선한 맛과 청량감을 주기 때문에 밥이나 고기와 함께 먹을 수 있는 훌륭한 반찬이다. 김치는 3% 수준의 염분이 주는 적당한 짠맛, 젖산과 초산이 주는 상큼한 신맛, 유산균이 생산하는 탄산가스에 의한 청량감, 고추와 마늘의 매운맛, 주원료인 채소에 들어 있는 당분의 단맛 등 여러 가지 맛이 조화된 식품이다.

김치 만들기

김치는 배추, 무, 오이, 열무, 파, 갓 등과 같은 채소류 등을 식염에 절인 후 여러 가지 부원료^{마늘, 고춧가루, 양파, 생강, 소금 등}를 첨가하여 발효 및 숙성시킨 것이다. 그 외의 보조 재료로 젓갈과 굴 같은 재료가 쓰이나 지방에 따라 쓰지 않는 경우도 있다. 최적의 맛을 나타내는 발효 기간은 20℃에서 3~4일이면 최적의 맛을 지닌 김치가 된다. 겨울 김치는 11~12월에 담가 땅속에 묻어 1~2개월 동안 발효시키고 이듬해 봄 3~4월까지 먹는다.

김치와 묵은지 - 유산균 종류가 바뀌면서 만들어진다

신선한 김치를 묵은지로 만드는 역할은 주로 유산균이 하게 된다. 김치를 낮은 온도에서 오랜 기간 숙성시키면 묵은지가 되는데 이 과정을 거치면서 유산균의 종류가 바뀌게 된다. 김치를 담근 초기에는 유산균 중 루코노스톡과 엔테로코커스가 주류를 이루다가 김치의 발효가 잘되어 맛있는 김치가 되면 유산균 중 락토바실러스가 주류를 이루게 된다. 그 후 김치를 저온에서 오랜 기간^{수개월에서 수년 동안} 저장하면 신맛이 강해지며, 이때는 락토바실러스 브레비스와 플랜타럼과 같은 유산균이 주류를 이룬다.

묵은지의 용도는?

묵은지는 저온에서 오랜 기간 저장되면서 신맛이 강해지게 된다. 또한 묵은지는 잘 익은 김치보다 조직이 약해져서 더 부드럽다. 묵은지는 김치찌개를 해서 먹거나, 고기를 구울 때 같이 구우면 더 맛이 있다. 그 외에도 남도의 각종 요리^{예를 들어 삼합 등}에 다양하게 사용되어 많은 이들의 사랑을 받고 있다.

김치는 왜 꼭 먹어야 할까?

우선 김치에는 엄청난 양의 유산균이 들어 있다. 대략 1g의 김치에 <u>10억 개의</u> 유산균이 들어 있다. 더욱이 김치 유산균들은 장내 소화 과정에서 살아남아 대장에까지 도달할 수 있는 것으로 알려져 있어 요구르트 유산균처럼 장내 세균총의 패턴을 좋게 하는 프로바이오틱Probiotic 효과가 있다. 또한 김치 유산균이 생산하는 젖산은 면역에 관여하는 T세포의 형성을 촉진한다.

배추의 식물성 스테롤은 혈중 콜레스테롤 함량을 낮추는 역할을 한다. 양념에 들어가는 알리움 속 식물인 마늘, 양파 등은 항균 작용을 하고, 황화합물 등 항암물질을 함유하고 있다. 고추에는 비타민 A와 같은 항산화 성분과 면역 증진 성분인 캡사이신이 들어 있다. 생강의 진저롤은 항균 작용, 진저린은 혈장 용해 작용을 한다. 채소의 섬유소와 발효 과정에서 형성되는 덱스트린은 장내 미생물의 생육을 돕는 프리바이오틱Prebiotic 효과가 있다. 김치는 프로바이오틱 효과와 프리바이오틱 효과를 모두 가진 몇 안 되는 식품 중 하나이다. 잘 익은 김치에는 비타민 C와 비타민 B 그룹의 함유량이 최고치에 도달한다.

묵은지도 몸에 좋을까?

묵은지도 김치가 가지고 있는 프로바이오틱 효과와 프리바이오틱 효과 등의 장점들을 대부분 가지고 있다. 뿐만 아니라 뇌 활성에 관여하여 머리가 좋아지는 성분으로 알려진 가바^{GABA} 물질이 묵은지에 대량으로 함유되어 있다는 점이 독특하다. 일반 김치에는 100g당 7mg의 가바가 함유되어 있으나 묵은지에는 9배에 달하는 60mg의 가바가 함유되어 있다. 특히 전라남도에서 생산된 묵은지에 가바 함량이 높은 것으로 알려져 있다.

독특한 향토 김치

전라도 고들빼기김치: 고들빼기김치는 화남 지방의 자랑거리 중 하나이다. 고들빼기는 산채의 일종인데 잘 씻어 물에 10일쯤 담가 쓴맛을 뺀다. 파, 마늘, 생강을 다져 젓국에 섞고, 고춧가루를 넣어 양념을 준비한다. 쓴맛을 뺀 고들빼기를 준비해놓은 젓국 양념으로 버무려 항아리에 꾹꾹 눌러 담그면 쌉쌀한 맛과 향이 독특한 고들빼기김치가 완성된다. 전라도에는 그 외에도 무동치미, 들깻잎김치, 총각김치, 고춧잎김치 등이 있다.

개성 보쌈김치: 배추를 절여 낙지, 굴 등 여러 가지 해물과 각종 채소, 밤이나 배 등의 과일을 속 재료로 넣고 꼭꼭 싸서 담근 김치로 유명하다.

공주 깍두기: 네모지게 썬 무를 재료로 사용하는 깍두기는 지금으로부터 200년 전인 정조 때 만들어진 것으로 궁중에서 공주로 낙향한 사람이 민간에 전파했다고 기록되어 있다. 무를 깍둑깍둑 썰어 만들었기에 깍두기라 한다.

다른 나라에도 김치와 유사한 음식이 있나요?

발효 채소로는 독일의 양배추로 만든 사우어크라우트^{Sauerkraut}, 네팔의 군드룩, 일본의 쓰케모노 등이 알려져 있다. 우리나라의 김치는 고추 등의 향신료를 이용하여 만든 양념김치이다. 이것은 외국에서 찾아볼 수 없는 우리나라만의 특징이다. 최근 일본에서 만들어지고 있는 기무치는 우리나라의 김치와 매우 유사하나 우리나라의 김치는 발효 김치인 반면 일본 기무치는 발효시키지 않은 김치라는 큰 차이점이 있다. 일종의 김치 겉절이와 같은 형태이다.

《삼국유사》와 함께한 시작

두부

서양 사람들이 즐겨 먹는 음식으로 치즈가 있다면 동양 사람들에게는 두부가 있다. 그리고 베트남, 필리핀, 태국, 말레이시아, 인도네시아, 미얀마, 캄보디아 등 동남아시아 국가들에 생선을 주원료로 하는 어장魚醬이 있다면 중국, 일본, 한국에는 콩을 주원료로 하는 두장豆醬이 있다. 두부와 두장은 콩을 주원료로 사용해 만들어진다. 우리나라에는 맥류麥類나 벼稻보다도 콩 음식 문화가 먼저 자리를 잡았다.

우리 민족은 다른 어느 곳에서도 볼 수 없는 다양한 콩 음식을 즐겨 먹어 왔다. 예로써 우리 음식 맛의 근간이 되는 장류간장, 된장, 고추장 등를 비롯해서 반찬 재료로 콩나물, 두부, 비지, 콩국, 콩가루, 볶은 콩 등 실로 다양한 콩 가공식품들이 사용되고 있다. 콩은 우리나라의 삼국 형성기[B.C. 57~18] 때부터 오곡[수수, 피, 콩, 보리, 벼]의 하나로 꼽히는 중요한 곡식 중의 하나였으며, 콩의 원산지는 옛 고구려 땅인 남만주 일대로 추정된다. 콩 재배의 역사는 대략 4천 년 정도로 보고 있다. 콩 재배에 관한 문헌상 최초의 기록은 대략 1,900년 전인 백제 기루왕 23년[서기 99년]과 신라 일성왕 6년[서기 139년]에 남겨진 것으로 《삼국유사》에서 발견되었다. 콩은 종류가 아주 다양한데 노란색의 대두와 병아리콩, 그리고 검은색의 흑태, 서리태, 서목태, 울타리콩, 선비잡이콩이 있고, 초록색의 청대콩, 녹두와 완두콩, 붉은색의 강낭콩과 땅콩, 팥이 있으며, 회색의 동부콩과 작두콩 등이 있다.

두부[豆腐]는 한반도에 거주하기 시작한 북방 유목민족이 두유를 만들면서 시작되었을 것으로 추측된다. 두유가 바닷물과 섞이면 응고되는 현상을 관찰하여 두부를 만들기 시작했을 것으로 생각된다. 실제로 강릉의 초당두부는 지금도 바닷물을 이용하여 두부를 만드는 것으로 유명하다. 두유는 맷돌의 발달 과정과 큰 연관성을 가지고 있다. 원시형 맷돌인 연석이 우리나라 신신석기시대 중기의 유적에서 발견되고 있는 것으로 보아 두유를 만드는 기술은 이미 삼국시대 이전에 갖추어졌을 것으로 추측된다. 조선시대 초기에 이미 두부를 만드는 데 소금 저장 중 받아낸 간수[滷水]를 쓴 것을 미루어 보면 두부 제조기술이 상당한 수준에 도달했을 것으로 추측된다. 특히 《세종실록》을 보면 세종 14년 명나라 사신으로 갔던 박신

생이 가져온 황제의 친서에 조선에서 보내온 공녀들이 두부를 만드는 방법이 절묘하기 때문에 앞으로도 두부 만드는 솜씨가 좋은 여인들을 골라 보내줄 것을 당부하는 기록이 있다.

두부를 제조할 때는 대두를 씻어 불린 후 곱게 갈아서 솥에 끓여주면 콩의 비린내가 제거되고 단백질이 잘 용출된다. 약간 식어 70℃ 정도가 되면 소금에서 추출한 간수 또는 황산칼슘을 사용하면 단백질이 굳어지고, 가라앉은 응고물을 무명천에 붓고 틀에 넣어 누름돌로 눌러주면 물이 모두 빠지면서 두부가 만들어진다. 만들어진 순두부는 두부를 잠시 물에 담가 두면 여분의 응고제가 모두 빠져서 맛있는 두부가 만들어진다. 순두부는 두부를 만들기 위해 최종적으로 준비된 콩물에 간수를 넣어 단백질이 작은 덩어리로 몽글몽글하게 응고되었을 때 압착하지 않고 그대로 먹는 두부를 말한다. 연두부는 두부를 만들면서 물을 완전히 빼지 않고 어느 정도 남겨서 굳힌 것으로 매우 말랑말랑하고 부드러운 것이 특징이다.

대두의 싹을 틔워 만드는 콩나물은 고려 이전부터 식용으로 널리 쓰인 것으로 추측된다. 고려 고종^{재위 1213~1259}에 편찬된 《향약구급방鄕藥救急方》에서 콩나물에 대한 기록이 처음 발견되었는데 그에 따르면 콩나물이 감기를 낫게 하는 효능이 있다고 한다. 녹두의 어린싹인 숙주나물이 중국 문화권에서 사랑받는 두채豆彩인 반면 한국인은 콩나물黃豆芽을 즐겨 먹는 것이 특징이다. 콩나물은 대두가 발아하는 과정에서 지방이 급격히 감소되고 섬유소와 비타민이 크게 증가한다. 콩나물의 특징으로는 콩에 전혀 함유되지 않은 비타민 C가 콩나물에는 100g당 13mg이 함유되어 있다는 점이다.

대두를 압착하여 짜면 콩기름이 얻어지는데 콩기름에는 불포화지방산이 많이 들어 있다. 특히 리놀레산과 오메가9 불포화지방산인 올레산이 많이 함유되어 있어 건강에 좋다. 대두는 단백질 함량이 40%로 그 자체가 고단백식품으로 이를 이용하여 만든 가공식품 또한 고단백식품이다. 콩기름을 짜고 남은 대두단백은 콩의 지방이 제거되어 단백질 함량이 콩보다 높은 60~90% 이상이다. 조직화 단백질예로 냉동 만두소, 인조 닭고기 등, 아이스크림 원료, 유화제로 많이 사용된다.

냄새를 이기는 건강
청국장과 낫토

청국장은 한국인이 즐겨 찾는 음식 중 하나이다. 예전부터 가을철이 되면 메주콩을 삶아 메주를 쑤고, 일부는 청국장을 만든다. 볏짚을 깔아 둔 통에 삶은 콩을 부은 후 통을 온돌방의 가장 따뜻한 곳에 놓고 이불을 덮어 둔다. 2~3일이 지나 쿰쿰한 냄새가 나면 청국장이 완성된 것이다. 완성된 청국장을 소분하기 위해 국자로 푸면 실 같은 것이 죽죽 늘어난다. 적당량의 청국장을 다시마 우려낸 물에 넣은 다음 각종 채소와 돼지고기 그리고 양념을 차례로 넣어 보글보글 끓이면 맛있는 청국장이 만들어진다.

낫토는 일본인이 즐겨 찾는 음식이다. 일본인들이 참기름, 겨자, 식초

등을 넣어 비빈 낫토를 따뜻한 밥 위에 올려 김에 싸 먹는 풍경은 매우 흔하게 볼 수 있다. 한국인들과 일본인들이 먹는 청국장과 낫토는 비슷한 대두콩을 원료로 사용하고, 같은 고초균인 바실러스균바실러스 낫토와 바실러스 섭틸리스에 의해 만들어진다. 그런데 왜 냄새가 다른 것일까?

청국장과 낫토의 기원

청국장이 어떻게 만들어졌는지에 대한 기록은 남겨져 있지 않지만 중국 한나라B.C. 206~A.D. 208 시대 때 메주의 초기적인 형태에서 시작된 것으로 추측된다. 한번 상상을 해보자. 당시 콩을 재배하는 농경인은 여름철 장기 여행을 위하여 삶은 콩을 말의 안장 안쪽에 넣어 두었을 것이다. 그런데 먹기 위해 꺼내 보니 끈적거리는 청국장의 형태가 되어 있었고, 먹어보니 제법 먹을 만했을 것이다. 즉 말안장 안쪽에 넣어둔 삶은 콩의 온도가 고초균이 잘 자라는 온도인 40~45℃까지 상승하여 자연스럽게 청국장이 되었을 것이다. 일반 장류는 만드는 데 최소한 5~6개월 걸리지만 청국장은 3~4일이면 만들 수 있어 속성 장의 형태로 사용되었을 것이다.

《산림경제山林經濟》1975년 저술에는 청국장을 전투장전투할 때 사용되는 장류으로 소개하였는데, "삶은 대두를 볏짚이나 멍석 등으로 싸서 따뜻한 방에서 약 2일간 발효하면 점질물이 생기고 여기에 식염을 첨가하여 마쇄한다"라고 설명하고 있다. 청국장은 콩이 가진 원래 소재의 물질과 펩타이드peptides,

펩톤peptone, 아마이드류amides 및 아미노산 등 발효물을 함께 가지고 있는 생체 이용률이 높은 단백질 식품이다.

청국장과 낫토의 차이점

청국장을 만드는 방법은 의외로 간단하다. 우선 메주콩을 10~20시간 불렸다가 물을 붓고 잘 익힌다. 그다음 소쿠리나 목이 넓은 항아리에 깨끗한 볏짚을 깔고 그 위에 삶은 대두콩을 넣고 면포를 덮어 따듯한 방안에서 이불을 씌워 2~3일 정도 보온시키면 바실러스균이 번식하여 발효하게 된다. 바실러스균은 공기 중에도 많이 들어 있지만 볏짚에도 많이 들어 있다. 그 외에도 볏짚에는 다양한 미생물들이 있어 콩의 단백질을 다양한 방법으로 발효시키기 때문에 다양하고 독특한 냄새가 난다. 발효가 잘되면 점액 물질이 생기는데 여기에 식염을 첨가하여 마쇄한다. 청국장은 생청국장, 청국장환, 청국장 가루 그리고 말린 청국장 등 다양한 형태로 만들어진다. 청국장에 실처럼 늘어지는 점액질의 성분은 프로락틴과 글루탐산의 중합물질이며 특이한 냄새는 부틸산, 바레릭산 암모니아 등이다. 이에 반하여 낫토는 삶은 대두콩에 바실러스 단일균만을 첨가하여 발효시키기 때문에 다양한 미생물에 의해 맛과 향이 만들어지는 청국장에 비해 매우 단순하다.

청국장은 몸에 좋은가요?

대두 단백질은 어떠한 가공을 거치지 않고 이용한 경우에는 소화율이 좋지 않으나, 두부, 된장, 청국장 등으로 가공하면 소화율이 크게 향상된다. 또한 된장이나 청국장을 만들 때 비타민 함량이 크게 변화하는데 특히 비타민 B_2가 풍부해진다. 청국장에는 콩이 가지고 있는 사람의 몸에 유용한 성분이 그대로 있을 뿐만 아니라, 발효 중에도 많은 유용한 성분이 생성된다. 콩이 발효되면서 생성되는 제니스테인은 유방암 등 암세포의 성장을 억제하는 효과를 지니고 있다. 특히 최근의 국내 연구에 의하면 암 예방에 좋은 콩으로는 국내산 만리콩이 효과가 좋은 것으로 나타났다. 또한 해콩과 묵은 콩을 연구하였더니 해콩으로 청국장을 담는 것이 2배 정도 높은 효과를 보였고, 바실러스균을 처리하거나 볏짚을 사용한 것이 암 예방에 더 효과적이라고 밝혀졌다.

청국장에는 변비 치료, 콜레스테롤 제거 효과, 피부 개선, 항암 효과 그리고 노화를 억제하는 효과가 있다. 더 놀라운 것은 뇌졸중과 심장병을 예방하는 혈전 용해 효소 성분이 기존의 혈전 치료제에 비해 손색이 없을 정도로 많이 함유되어 있다는 점이다. 국내 식품학자들은 청국장에서 분리한 혈전 용해제를 청국카이네이즈로 명명하고 실용화에 관해 연구 중이다. 그러나 청국장을 조리할 때 주의해야 할 점이 있다. 청국장에 들어 있는 혈전 용해 효소는 온도가 끓는 온도에 도달하면 쉽게 파괴된다. 따라서 청국장을 끓일 때 먼저 채소나 고기를 넣고 끓인 다음 마지막 순간에 청국장을 넣고 한 번 정도 끓여 먹으면 대부분의 혈전 용해 효소를 파괴하지 않고 그대로 섭취할 수 있다.

다른 나라에도 청국장과 유사한 음식이 있나요?

일본에는 낫토가 있으며 인도네시아의 템페가 유사하다. 인도네시아의 템페는 곰팡이로 콩을 분해시켜 만들며, 이 제품을 서양에서는 콩치즈라고 부른다.

아기 양이 준 선물

치즈

    우리나라 사람들이 단백질 보충을 위해 거의 매일 된장이나 간장을 사용해 찌개를 만들어 먹었다면, 서양 사람들은 주로 치즈를 먹어 단백질을 보충하였다. 치즈는 우유나 산양유 등에 우유 응고 효소 제품인 레닛rennet이나 유산균을 첨가해 우유단백질인 카제인을 유지방, 유당 및 무기물 등과 함께 응고시킨 후 발효시켜 만든 영양식품이다. 응고된 치즈는 겉 표면에 다양한 곰팡이나 박테리아를 묻혀 수년간 숙성시킨다. 숙성을 통해 치즈에 다양한 향미가 생성된다. 또한 치즈 속의 단백질은 숙정 과정 중 수용성 단백질로 분해되고 일부는 아미노산까지 분해되어 단백질 소화 흡수가 용이하면서도 칼슘과 인이 풍부한 식품이 된다.

치즈의 발견

세계에서 치즈를 최초로 만든 사람이 누구이며 어느 곳에서 만들어졌는지는 기록되어 있지 않다. 다만 치즈의 제조는 선사시대에 이루어졌을 것으로 짐작된다. 선사시대에 사람들이 전쟁이나 여행을 할 때 물주머니는 필수품이었을 것이다. 대체로 물주머니는 작은 동물의 위를 사용하였는데, 이때 송아지나 어린 양, 염소의 위 따위를 물주머니로 사용하던 누군가가 어느 날 물 대신 우유를 담았을 것이다. 말을 타고 이동하면서 우유를 마시려고 하니 우유가 나오지 않아 이상하게 생각한 사람이 물주머니를 절개해 보니 우유가 굳어 있었고, 굳어 있는 우유^{최초의 치즈}에서 좋은 향기가 나 먹어보니 맛이 있었을 것이다.

성숙한 소나 양, 염소의 위에서는 치즈가 만들어지지 않았는데, 그 이유는 치즈를 만들어 주는 효소인 레닛이 수유기의 어린 소나 염소, 양에게만 존재하기 때문이다. 그러나 매번 치즈를 만들기 위해 어린 소나 양, 염소의 위에 우유를 넣고 흔들어 치즈를 만드는 것은 매우 번거로운 일이었을 터다. 그래서 방법을 찾던 중 어린 송아지나 양, 염소의 위를 말려 가루로 만든 다음 우유를 담아놓은 통에 이 가루를 첨가하면 치즈가 만들어진다는 것을 누군가가 발견하게 되었을 것이다. 이 방법은 최근까지 사용되고 있는 방법이다.

그렇다면 치즈를 만드는 효소인 레닛을 얻기 위해 송아지나 어린 염

소 위

소, 양을 죽여야 할까? 위에서 언급했듯이 치즈를 만들기 위해서는 우유를 응고시켜야 하는데, 이때 사용하는 레닛은 어린 송아지를 도살한 후 네 번째 위를 절개, 응고 효소를 함유한 내막의 액을 추출하여 분말 형태로 만든 제품이다.

일반적으로 송아지 네 번째 위를 절개하여 씻은 다음 건조한 소금에 섞고 나서 건조, 분쇄, 추출하여 사용하였다. 1960년대에 치즈의 수요가 많아지면서 레닛 추출을 위해 수많은 송아지가 도살되는 문제가 대두되기도 했었다. 현재는 생명공학 기술을 사용하여 미생물에서 레닛을 대량 생산하고 있어 더 이상 송아지를 도살할 필요가 없게 되었다.

치즈 발달의 역사

B.C. 3,000~4,000년에 이집트의 무덤에서 치즈 용기가 발굴되었고, 이

집트의 식민지에서 치즈에 관한 세금을 부과하였다는 기록이 있음을 볼 때 치즈 제조의 역사는 매우 긴 것이 틀림없다. 로마시대에는 많은 종류의 치즈가 제조되고 있었는데, 특히 알프스 산악지대에서 다량의 치즈가 제조되고 있었다고 한다. 로마의 멸망과 더불어 유럽 각국에 치즈 제조법이 전승되었고, 유럽 각국에서 치즈 제조를 주요산업으로 취급하였다. 특히 치즈 제조법은 주로 수도원의 수도사들에 의해 전승되었다. 최초로 치즈의 공업적 생산이 이루어진 것은 제시 윌리엄스^{Jesse Williams}가 1851년에 미국 뉴욕주에 치즈 공장을 설립하면서 시작되었고, 그 이후 스코틀랜드에 치즈 공장생산법이 도입되었다.

치즈의 종류?

치즈는 원료 또는 제조법에 따라 500여 종 이상으로 분류되며, 치즈의 이름은 일정한 규칙에 의해 명명된 것이 아니고 여러 가지에서 유래된 것이다. 우리가 흔히 샌드위치에 넣어서 먹는 체더 치즈의 이름은 제조지에서 유래되었고, 트라피스트^{trappist} 치즈는 치즈를 만들던 수도원의 이름을 그대로 붙인 것이다. 브릭^{brick} 치즈의 이름은 외관이 벽돌처럼 생긴 것에서 유래되었다. 따라서 치즈를 명칭만으로 분류하는 것은 곤란하고 일반적으로 치즈의 굳기에 따라 매우 딱딱한 치즈, 딱딱한 치즈, 적당히 부드러운 치즈, 부드러운 치즈로 분류한다.

우리가 좋아하는 치즈의 종류

파마산치즈
(Parmasan)

파마산^{parmesan} 치즈는 매우 딱딱한 치즈의 일종으로 이탈리아 레지오 에밀리아 지방의 파르마^{Parma}시에서 유래한 것으로 마카로니^{Macaroni}와 함께 이탈리아를 대표하는 식품의 하나이다. 이탈리아 식당에서 샐러드나 스파게티에 얇게 썰어 넣어주는 치즈가 바로 파마산 치즈이다.

체더치즈
(cheddar)

체더^{cheddar} 치즈는 딱딱한 치즈의 일종으로 영국 서머싯주 브리스톨 지역의 체더촌에서 처음 생산되었다. 1600년도에 영국의 헨리 2세가 영국 최고의 치즈로 선포하기도 했던 이 치즈는 뛰어난 맛과 역사를 자랑한다. 미국에서 여행할 때 그냥 치즈를 주문하면 체더 치즈를 가져다줄 정도로 대중에게 사랑받는 치즈이다. 미국에서는 체더 치즈를 아메리칸 치즈라 하고 캐나다에서는 캐네디언 치즈라 하며 영국에서는 체더 치즈라고 부른다. 우리가 보통 양식당에서 먹는 샌드위치 속에 들어 있는 치즈가 체더 치즈이다.

스위스^{swiss} 치즈는 딱딱한 치즈의 일종이다. 스위스 베른주의 에메 골짜기에서 유래한 스위스의 대표적인 치즈로서 에멘탈^{Emmental} 치즈로도 불

린다. 스위스 치즈는 치즈 내부에 가스 구멍^{blow-holes}이 있
는 것이 특징으로 치즈 조직에 탄력성이 풍부하고 달콤
한 향미가 있어, 체더 치즈와 함께 샌드위치용 치즈로 많
이 사용되고 있다.

스위스치즈
(SWISS)

블루^{blue} 치즈는 적당히 부드러운 치즈의 일종으로 치
즈 내부에 푸른곰팡이가 대리석 무늬 형태로 자란 치즈
이다. 이 치즈는 강한 자극취가 있어 처음에는 이상하게
블루치즈
(Blue)
느껴지지만 익숙해지면 결국 좋아하게 된다. 블루 치즈
는 프랑스 남부 님^{Nimes} 지역의 로크포르^{Roquefort}촌에서 만들어져서 프랑스
에서는 로크포르 치즈라고 부른다. 미국에서는 블루 치즈, 영국에서는 스
틸턴 치즈, 이탈리아에서는 고르곤졸라 치즈라고 불리고 있다.

모차렐라^{mozzarella} 치즈는 부드러운 치즈의 일종이다.
우리가 먹는 피자에 주로 사용되는 대표 치즈이다. 이탈
모차렐라치즈
(Mozzarella)
리아가 원산지로 처음에는 물소 젖을 원료로 생산하였으
나, 현재는 일반 우유로 생산하고 있다. 부드러운 치즈는
수분 함량이 40~60%로 높고, 숙성하지 않으므로 제품의 저장성이 낮아
단시일 내에 소비해야 한다.

크림^{cream} 치즈는 부드러운 치즈의 일종이다. 크림치즈는 숙성을 시키지 않아서 향미가 온화하고 생크림과 같은 조직을 가지고 있어 다양한 식품에 사용된다. 가정에서 바게트나 과일 표면에 발라서 먹기도 한다.

치즈는 우리 몸에 좋은가요?

치즈는 우유를 응고시켜 만든 식품으로 단백질과 지방 이외에도 한국인에게 부족하기 쉬운 칼슘, 비타민 A, B$_2$를 많이 함유하고 있는 식품이다. 또한 치즈 단백질은 소화 흡수율이 90% 이상으로 아주 높고, 인과 칼슘이 매우 풍부하여 뼈의 건강에도 유익하다.

풍요로운 가을 밥상을 위하여

버섯과 멸치

　추석이 지나면 아침저녁으로 가을 정취가 물씬 풍기는 것을 느낄 수 있다. 풍요로운 가을, 우리 밥상에 오르는 친숙한 식자재들 중에 말린 버섯과 멸치가 있다.

　버섯은 곰팡이의 일종으로 대부분이 담자균류에 속하는 고등 균류로서 지구상에는 수천 종의 버섯이 있으나 국내에는 그중의 800여 종만이 자생하고 있다. 식용버섯 중 대표적이라 할 수 있는 표고버섯과 양송이버섯에는 비타민 B_2와 니아신이 다른 채소에 비해 많이 함유되어 있고, 특히 비타민 D_2^ergocalciferol 의 전구체前驅體인 에르고스테롤^ergosterol 이 많이 들어 있다. 표고버섯이나 양송이버섯을 햇볕에 건조하면 에르고스테롤이 비타민 D_2

로 전환되는데, 천일 동안 건조된 보통 크기의 표고버섯이 함유한 양이 1일 비타민 권장량[5~10ug]의 2~3배에 달한다.

멸치는 단백질과 지질의 함량이 높고 트립토판과 같은 필수 아미노산이 풍부하다. 또한 지질 중에는 EPA, DHA 등 불포화지방산과 칼슘, 인, 철분 등 무기질이 많이 함유되어 있다. 특히 멸치에는 비타민 D_3의 전구체인 7-디히드로콜레스테롤[cholecalciferol]이 함유되어 있는데 자숙한 멸치를 햇빛에 건조하면 이 물질이 분해되어 비타민 D_3로 전환된다. 천일 건조된 대멸치[오주바] 기준으로 5~10마리에 1일 비타민 권장량이 들어 있다.

최근 건조식품 산업이 성장하면서, 버섯이나 멸치를 햇볕에 건조하는 번거로운 재래식 천일 건조 방법을 사용하지 않고 건조기를 이용해 멸치나 버섯을 빠르게 건조하는 방법을 사용하고 있다. 그러나 천일 건조한 버섯과 멸치에는 비타민 D가 생성되는 반면, 건조기를 이용하여 생산된 버섯이나 멸치에는 비타민 D가 거의 생성되지 않는다.

태양으로부터 나오는 빛에는 자외선이 있는데 파장 길이에 따라 UV-A, B, C로 나뉜다. UV-C는 대부분 오존층에 흡수되지만, 오존의 양이 감소하면 일부 지표면까지 내려오는데, 그 과정에서 염색체 변이를 일으키고 눈의 각막을 해치는 등 생명체에 해로운 영향을 미친다. 피부를 태우는 주역은 UV-B이지만 UV-A는 피부를 벌겋게 만들고 피부 면역체계에 작용하여 피부 노화에 따른 장기적 피부 손상을 일으킨다. UV-B는 동물의 피부를 태우고 피부 조직에 침투하여 피부암을 일으킨다. 그러나 여기서 알아두어야 할 중요한 사실이 있다. UV-B가 사람의 피부에서 프로비타민 D를 활성화해 인체에 필수적인 비타민 D를 생성한다는 것이다.

비타민 D는 칼슘 흡수에 중요한 역할을 한다. 비타민 D는 장에서 칼슘과 인산염의 흡수를 촉진하고, 석회화된 골격으로부터 혈액으로 칼슘을 이동시키며, 신장에서 칼슘과 인산염을 재흡수시키는 역할을 하는 중요한 영양소이다. 현재까지 발견된 비타민 D의 종류는 D_2부터 D_7까지이며, 이들 중 버섯류에 들어 있는 D_2와 멸치 등 어류에 들어 있는 D_3만 생물학적으로 활성이 높다. 비타민 D가 결핍될 경우, 뼈의 석회화가 정상적으로 이루어지지 않아 각종 골 질환이 발생한다. 어린이의 경우 구루병이 발생할 우려가 있고, 갱년기 여성이나 노인과 같은 성인에게는 뼈의 석회질이 감소하여 나타나는 골연화증, 뼈를 형성하는 무기질과 기질의 양이 과도하게 감소되어 작은 충격에도 골절이 쉽게 일어나는 골다공증을 유발한다.

비타민 D_2는 식물성 스테롤인 에르고스테롤에서, 비타민 D_3는 동물성 스테롤인 콜레스테롤에서 자외선 조사에 의해 합성이 된다. 이렇게 합성된 비타민 D는 간을 거쳐 신장에서 활성화 형태인 1, 25-디히드록시 비타민 D^{1, 25-dihydroxyvitamin D}로 전환되어 소장에서 칼슘 결합 단백질^{calcium-binding-protein}의 합성을 촉진함으로써 칼슘의 흡수를 돕는 중요한 역할을 한다. 활성

비타민 D의 농도가 높아지면 장에서의 칼슘 흡수가 높아져 혈중 칼슘 농도를 높인다. 또한 최근에는 비타민 D가 대장암의 위험을 감소시키는 데 효과가 있다는 논문이 보고되었다.

사람이 햇볕을 쬘 경우 인체 내에서 비타민 D가 생합성된다. 이러한 특수성으로 인하여 식사로만 공급되어야 하는 다른 영양소들과는 달리 비타민 D의 중요성이 간과되어 왔다. 그러나 최근 자외선을 차단하고자 각종 자외선차단제를 이용함으로써 자외선에 노출되는 시간이 제한되기 때문에 피부에서의 비타민 D 생합성이 심각하게 방해받고 있다. 특히, 갱년기 여성과 노인들은 자외선 조사를 덜 받을 경우 비타민 D 생합성이 극히 제한될 우려가 있어 결국 식사를 통한 적절한 비타민 D의 공급이 불가피하다.

한편 비타민 D는 햇볕을 쬐 직접 건조한 멸치와 같은 어류나 버섯에 다량 함유되어 있으나, 달걀노른자, 우유나 유제품에는 미량이 함유되어 있다. 그러므로 식사를 통해 비타민 D를 공급할 수 있는 식품의 종류가 적어 식품을 통한 섭취는 매우 제한적이다. 미국의 경우 비타민 D의 부족을 보충하기 위하여 우유나 유가공품에 비타민 D를 첨가^{또는 강화}하여 판매하고 있다.

우리 선조들이 비타민 D 부족을 햇볕에 말린 버섯과 멸치 등의 다양한 식재료를 반찬으로 활용하여 극복하였다는 사실에 놀라움을 금할 수 없다. 최근 식품과학자들은 건조기의 상하단에 UV-B 발생 전구를 설치해 햇볕에 쬔 것과 동일한 버섯과 멸치를 생산하는 방법을 개발하여 상품화하고 있다. 이제 우리 선조들이 고안해낸 햇볕에 쬔 것과 거의 동일하면서도 보다 발전된 방법으로 생산된 말린 버섯과 멸치가 우리 식탁에 오를 날도 멀지 않았다.

악마의 와인

샴페인

프랑스 사람들은 와인과 샴페인에 대한 남다른 자부심을 품고 있다. 프랑스는 국제식품규격위원회^{Codex} 회의에서 프랑스 샴페인 지역의 발포성 와인에만 샴페인이란 단어를 사용할 수 있도록 했다. 따라서 법적으로 프랑스 샴페인 지역에서 만들어지는 발포성 와인만이 샴페인으로 통용된다. 다른 나라에서 만들어지는 발포성 와인은 명칭이 다르다. 스페인에서는 까바^{cava}, 이탈리아에서는 스푸만테^{spumante}, 독일에서는 젝트^{sekt}라 부른다.

발포성 와인은 17세기 후반에 피에르 페리뇽$^{Pirre\ Perignon}$ 수도사가 발견하였다. 발포성 와인을 발견한 경위는 당시의 이상기온 때문이었다. 프랑스 북부 지역에 겨울이 빨리 온 해가 있었는데 매우 추운 날씨 때문에 병에 넣은 와인의 효모 활동이 거의 멈추어 발효가 진행되지 않고 있었다. 그러나 다음 해에 유난히 봄이 빨리 오면서 갑자기 온도가 급상승하게 되었다. 이로 인해 병에 넣은 와인의 효모 활동이 증가하였고, 병 안의 이산화탄소가 급격히 생성되어 압력이 상승함으로써 병이 깨지게 된 것이다. 당시 사람들은 이런 발효 현상을 이해하지 못했고 두려운 마음에 병이 터진 와인을 '악마의 와인'이라고 불렀다. 피에르 페리뇽 수도사는 깨진 병에 남아 있던 '악마의 와인'의 맛을 보고 그 독특한 맛에 놀랐으며 달콤한 액 사이에서 공기 방울이 올라오는 현상을 보고 신기해하였다. 피에르 페리뇽은 이러한 현상을 꾸준히 관찰하고 연구하여 오늘날과 비슷한 샴페인을 만들어낸 것이다.

샴페인은 주로 백포도주로 만들지만 때로는 적포도주를 이용하기도 한다. 품종은 청포도 품종에선 샤르도네Chardonnay와 리슬링Riesling 그리고 적포도 품종으로는 피노 누아Pinot Noir가 적합하다. 일반적으로 향과 맛이 진하지 않고 샴페인에 녹아 있는 탄산과 결합하여 쓴맛을 내지 말아야 하고 페놀함량이 낮으며 탄닌 성분이 적어 떫은 맛이 없어야 한다. 샴페인 제조에서 1차 발효는 백포도주와 동일하며 좋은 샴페인을 만들기 위해서는 일단 좋은 백포도주를 만드는 것이 가장 중요하다. 알코올 농도는 10~11%, pH는 3.1~3.3, 그리고 총 산도는 0.7~0.9%가 적당하다.

1차 발효가 끝나면 탄산가스를 발생시키기 위한 2차 발효가 필수적이다. 2차 발효를 하는 방법으로는 세 가지가 있다. 첫째, 전통적인 방법으로 완성된 포도주에 당과 효모를 첨가하여 서서히 오랜 기간에 걸쳐 서서히 병 안에서 생성되는 탄산가스로 충전시킨다. 따라서 탄산가스 발생을 위하여 1L의 포도주당 24g 정도의 설탕을 첨가해야 하며, 설탕은 미리 와인에 녹여 두었다가가 시럽 형태로 첨가한다. 3~6주면 발효가 끝나며, 6~12개월이 지나면 효모가 없어지고 자가분해autolysis하여 샴페인에 효모 향이 첨가된다. 이렇게 제조된 샴페인에는 '이 병 안에서 발효했음fermented in this bottle'이라고 라벨에 표시한다. 이 경우 발효가 끝나면 효모가 찌꺼기처럼 남아 있게 되기 때문에 이를 제거해야 한다. 사멸한 효모를 효과적으로 제거하는 방법은 병을 서서히 40~80도로 회전시키며 최종적으로는 90도로 눕히는 것이다. 이렇게 3주 정도에 걸쳐 효모 찌꺼기를 모으는 작업을 리들링riddling이라고 한다. 병의 입구로 모인 효모 찌꺼기를 제거하기 위해 병의 입구를 얼린 후 병마개를 열고 효모를 제거하는 작업을 일컬어 디스골징disgorging이라 한다. 효모를 제거하게 되면 병 밖으로 나온 와인만큼 기존 와인 또는 설탕 용액으로 보충해줘야 하는데, 이러한 처리를 도시지dosage라 한다.

둘째, 앞의 방법과 동일하게 만들지만 효모 찌꺼기를 제거하는 방법이 다르다. 최종 단계에서 병에 든 포도주를 압력 탱크에 부은 후 여과막으로 효모 찌꺼기를 걸러내고 다시 병에 담는 방법이다. 주로 북미에서 사용하고 있으며 '압력 병 안에서 발효했음'으로 표시한다.

셋째, 포도주의 2차 발효를 병에서 하지 않고 발효조^{醱酵槽}에서 하는 방법이 있다. 포도주를 발효 탱크에 붓고 그 안에 당과 효모를 첨가하여 탄산가스를 포도주에 충전시킨 다음 다시 병에 담는 과정을 거치면 완성된다. '대량 생산 공정^{bulk process}'으로 표시한다.

샴페인의 단맛^{sweetness}의 정도는 라벨에 표시되어 있다. 가장 드라이한 것은 브뤼트^{brut} 또는 나뛰르^{nature}로 당도가 1.5% 이하이며, 중간 정도로 단 것은 섹^{sec} 또는 드미섹^{demi-sec}으로 당도가 2~4%이며, 가장 단 것은 두^{doux}로 당도가 6% 이상이다.

한국에도 '진짜' 와인이 있다

쌀포도주

우리나라에는 오래전부터 야생의 산포도가 있었고 포도가 재배되어 왔지만 언제 어떻게 포도가 유입되었는지에 대해선 자세한 기록이 없다. 우리나라에 포도 재배에 관해 처음으로 기록된 것은 고려 중엽이며, 그후 고려 말엽에 포도를 주제로 한 시가 등장한다. 고려 말의 성리학자인 목은 이색[1328~1396] 선생은 "포도송이 시렁에 가득하니 마치 푸른빛이 흘러내린 것 같네"라고 읊었다. 따라서 고려 말부터 포도의 재배가 일반화되었고, 서양식 포도주는 고려 말인 13세기경에 전해졌을 것으로 사료된다.

중국에서 도입된 서양식 포도주와는 달리, 우리나라의 포도주 만드는 방법은 매우 상이한 것으로 기록되어 있다. 일반적으로 포도주는 포도에

붙어 있는 야생 천연효모를 이용하여 발효시킨다. 포도를 으깨어 즙을 낸 다음 서늘한 곳에 보관하면 야생효모가 포도를 발효시키는 점을 이용하여 만들기 때문에 알코올 도수가 낮고, 이상 발효가 일어나면 맛이 좋지 않게 된다. 전한 시대의 역사가인 사마천^{B.C. 145~86}이 저술한 《사기史記》에서는 포도로 포도주를 빚었다고 하였으나 품질이 매우 열악했을 것이다. 12세기 초 북송의 주익중이 지은 《북산주경北山酒經》에서는 포도즙을 쌀과 누룩에 넣어 포도주를 빚었다고 했다. 앞에서 서술한 《사기》에 나와 있는 포도주에 비해 맛과 향이 뛰어났을 것으로 사료된다.

이러한 포도주 양조 기술이 12세기 말경에 우리나라에 알려졌을 것으로 생각된다. 《양주방釀酒方》에 의하면 고려시대의 포도주는 포도즙과 찐 찹쌀, 소맥가루를 섞어 만들었다고 한다. 이는 쌀막걸리를 만들 때 포도즙을 혼합하여 만드는 방식으로 쌀포도주를 말하는 것이다. 《산림경제山林經濟》와 《증보산림경제增補山林經濟》에서는 잘 익은 포도즙을 찹쌀밥, 흰누룩과 함께 섞어 빚으면 자연스럽게 술이 되는데, 그 맛이 아주 훌륭하다고 하였다. 또한 《임원십육지林園十六志》에서는 포도를 오래 저장해 놓으면 자연스럽게 발효되어 술이 되는데, 맛이 달고 매우 독하며 향기가 그윽하다고 기술하였다.

조선 후기의 실학자인 서유구^{1794~1845}가 농림의학 등 생활백과에 대해 체계적으로 서술한 《임원십육지》에 보면 조선시대 초기부터 포도의 재배를 권장하였는데, 백포도를 수정포도, 검은 포도를 자포도라고 하였다. 또한 우리나라에 재배되는 포도로는 자마유포도[길쭉한 형태의 자색 포도]를 권장하였다. 이 외에도 조선 중기에 김유[1491~1555]가 저술한 전통 조리서인《수운잡방 需雲雜方》, 조선 중기 실학의 선구자인 지봉 이수광[1563~1628]이 편찬한 백과사전인《지봉유설芝峰類說》, 조선 숙종 때의 실학자 홍만선[1643~1715]이 저술한 농서 겸 가정생활서인《산림경제》, 조선 영조 때인 1766년에 유중림[1705~1771]이 《산림경제》를 증보하여 엮은 농서인《증보산림경제》, 서유구가 1827년에 저술한《임원십육지》, 1837년경에 쓰인 저자 미상의 술 만드는 법에 관한 책인《양주방》등에 포도 양조에 대한 기록이 남아 있다.

한국의 전통 쌀포도주는 세계의 포도주 제조방법 중 가장 독특하고 유일한 방법으로 제조된 고유의 포도주이나, 쌀포도주의 제조방법이 잊히고 있는 실정이다. 최근 우리나라에서 한국 전통 쌀포도주의 복원연구가 시도되고 있다. 배상면주류연구소와 경북대학교에서 2004년에 쌀과 포도를 혼합하여 발효시킨 쌀포도주의 발효 특성에 관한 논문을 발표하는 등 쌀과 포도를 동시에 발효시키는 연구가 진행되고 있다. 목포대학에서는 2008년에 한국 전통 포도주의 제조와 품질 특성이라는 논문을 발표하였다.《임원십육지》의 방법에 따라 전통 포도주를 제조하였는데 제조된 전통 포도주를 기존 일반 포도주에 비했을 때 그 품질이 한국 특유의 전통 포도주로서 손색이 없는 것으로 판단되었다. 또한 영남대학에서는

2010년에 포도 품종을 달리한 포도 약주의 품질 및 항산화 특성에 관한 연구논문을 발표하였다.

구한말, 서양 여러 나라와 교류를 하면서 다양한 종류의 와인이 본격적으로 국내에 반입되었을 것이다. 서양의 정통 와인은 대부분 드라이한 와인으로 드라이와인을 처음 맛본 우리나라 사람 입맛에 맞지 않았을 것이고, 오히려 단맛이 있는 스페인의 셰리나 포르투갈의 포트와인과 같은 디저트 와인이 더 적합했을 것이다. 따라서 우리나라에 보급된 식용포도인 캠벨포도Campbell Ealy는 당도가 부족하여 포도주에 적합하지 않았고, 캠벨포도를 으깨어 설탕과 섞은 다음 소주를 부어 1년 정도 숙성시킨 포도주가 1980년대까지 각 가정에서 만들어져 음용되었다. 우리나라의 서양식 와인을 산업적으로 만든 것은 1977년으로 브랜드명은 마주앙Majuang이다. 샤르도네Chardonnay와 샤이벨Seibel을 블렌딩한 마주앙은 많은 국민의 사랑을 받았으나, 기후 특성상 국내에서 양질의 양조 포도를 생산하기 어려웠다. 때문에 프랑스에서 와인 원액을 공급받아 국내산 포도주와 블렌딩하여 생산하거나, 외국 와인 산지에서 주문자상표부착생산OEM방식으로 제조해 국내에 유통하고 있다.

막걸리가 만난 코리안 패러독스

막걸리

1991년 11월 어느 일요일 저녁 에드워드 돌닉 기자는 미국 CBS 방송에서 프랑스 사람들은 다량의 고지방과 고콜레스테롤이 함유된 치즈 버터 달걀 고기 등을 평생 먹어도 그보다 건강식을 하는 미국인보다 심장질환에 걸릴 확률이 낮으며, 그 원인은 음식과 함께 레드와인을 마시기 때문이라고 보도했다. 프랑스인들의 역설, 즉 프렌치 패러독스[French Paradox]의 시작이었다. 이는 적포도주와 지중해의 생활방식 때문으로 밝혀졌다. 붉은 색깔을 내는 포도 껍질과 텁텁한 맛을 내는 포도 씨에는 다량의 항산화 물질인 페놀화합물이 들어 있다. 페놀화합물은 혈소판 응집 억제에 의한 혈전 감소와 각종 퇴행성 성인병에 효과가 있는 것으로 알려져 있다.

그런데 놀랍게도 한국의 막걸리에는 프랑스인들의 역설을 뛰어넘을 건강 증진 물질이 다량 함유돼 있다는 사실이 과학적으로 규명됐다. 막걸리는 곡류를 이용한 발효식품으로 다른 주종에 비해 알코올 도수가 낮고 위에 부담이 거의 없으며 단백질과 식이섬유, 당질이 함유돼 있다. 스웨덴 카롤린스카 의대 연구팀은 알코올 도수가 높은 증류주를 마실 때는 급성 췌장염에 걸릴 확률이 50% 이상 증가하지만 알코올 도수가 낮은 양조주를 마실 경우 그렇지 않다고 발표했다. 또 막걸리에는 다량의 효모와 유산균이 있고, 이 유익한 균들이 생산한 다양한 유기산과 각종 유용한 생리활성물질이 함유돼 있다.

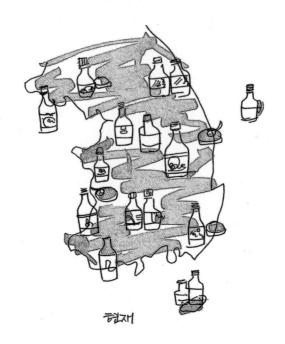

현재

막걸리를 빚는 전통 누룩에는 급성 및 만성 위궤양 억제, 혈소판 응집에 의한 혈전 감소, 혈중 콜레스테롤 저하, 염증 매개체 생성 억제, 암세포 전이 억제 등의 효과가 있는 것으로 동물실험에서 밝혀졌다. 막걸리에는 퓨린 계열 물질이 적어 다른 주종에 비해 통풍 유발 가능성이 매우 낮고, 피부의 주름을 제거하고 피부를 희게 하는 활성이 있다. 또한 항암물질로 알려진 파네솔이 포도주나 맥주보다 10~25배 더 많이 들어 있다. 상기 결과는 프렌치 패러독스를 뛰어넘는 성과로 막걸리의 우수성이 전 세계에 전해지면 머지않아 한국인들의 역설, 즉 코리안 패러독스가 만들어질 것이다.

삼국사기와 삼국유사에 누룩에 관한 기록이 있고 고려 고종 때 탁주에 관한 술이 등장하는 것을 보면 우리나라 사람은 막걸리의 전신인 탁주를 적어도 1,000년 이상 마셔 왔을 것으로 보인다. 조선시대에만 해도 일곱 집에 한 집꼴로 술을 담가 마셨기에 전국에 다양한 가양주 문화가 발달했다. 그러나 1917년 들어 일본의 식민지 정책에 의해 주세 부과를 목적으로 집에서 술을 빚는 것이 금지됨에 따라 전국의 다양한 가양주가 사라지는 안타까운 일이 벌어졌다. 1992년 막걸리에 쌀을 사용하는 것이 다시 허용되고 2001년 막걸리 공급지역 제한제도가 철폐되면서 막걸리의 품질 경쟁 시대가 본격적으로 시작됐다. 2008년 국내와 해외에서 막걸리 붐이 일어 그동안 위기에 처했던 우리나라 막걸리 산업 진흥에 큰 전환점이 됐다.

농림수산식품부는 쌀을 수확해 햅쌀 막걸리가 처음 제조되는 시점을 고려해 매년 10월 마지막 목요일을 '막걸리의 날'로 지정했고, 첫 행사가 2016년 10월 27일 열렸다. 막걸리의 날은 프랑스가 그해 수확한 포도로 만든 와인 '보졸레누보'를 매년 11월 세 번째 목요일에 세계에서 일제히 판매하는 것을 벤치마킹하여 지정한 것으로 우리 술의 우수성을 내국인은 물론 외국인에게도 널리 알릴 수 있는 행사다.

최근 학계에서는 막걸리의 기능성에 대한 작용 기전을 규명하고 그 우수성을 입증하기 위해 노력하고 있어 머지않아 프렌치 패러독스를 뛰어넘는 코리안 패러독스가 만들어질 것으로 기대된다.

2장

바다가
건넨
선물

조선 후기 정약전이 반한 바다의 보물

주꾸미

서천군 마량포와 홍연항에 가면 매년 봄마다 주꾸미 축제가 열린다. 갓 잡은 주꾸미의 머리를 제거하고 몸통을 세절한 뒤, 소금을 넣은 기름 장에 찍어 먹거나 살짝 데쳐 초고추장에 찍어 먹으면 살이 연하고 맛이 참 좋다.

주꾸미에 대한 기록은 조선 후기의 문신이었던 정약전 선생이 흑산도 유배 중에 저술한 《자산어보^{兹山魚譜}》에서 찾아볼 수 있다. 《자산어보》는 흑산도 지역에서 서식하는 수산 동·식물에 대한 기록으로, 명칭, 분포, 형태 그리고 이용 방법에 관한 내용이 상세히 기술되어 있는 귀중한 역작이다. 《자산어보》에 의하면 한자로는 준어^{蹲魚}, 속명으로는 죽금어^{竹今魚}라고 기술되어 있다. 말이 변천하여 지금의 주꾸미가 된 것으로 추측되며, 충청도와 전라도에서는 쭈께미, 경상도에서는 쭈게미라고 불리기도 한다. 《자산어보》에서는 주꾸미를 "크기는 4~5치에 지나지 않고 모양은 문어와 비슷하나 다리가 짧고 몸이 겨우 문어의 반 정도"라고 기술하고 있다. 또 서유구가 1820년에 어류학에 관해 저술한 《난호어목지蘭湖漁牧志》와 말년에 저술한 백과사전인 《전어지佃漁志》에 의하면 "일본 사람들은 주꾸미 머릿속에 가득 찬 알이 흰색 쌀로 찐 밥 같기 때문에 반초飯鮹라고 하는데 산란 후에는 알이 없고 맛이 없어진다"고 기록하고 있다. 다리가 여덟 개인 주꾸미는 문어, 낙지와 함께 문어과에 속하나 낙지에 비해 몸집이 작고 다리도 짧으며 다리 부분에 황금색의 고리 문양이 있는 것이 특징이다. 수심 10m 정도의 바위틈에 서식하고 주로 밤에 활동하며 새우나 바지락 등을 먹고 산다. 산란기는 5~6월로 작은 포도 알갱이 모양의 알을 낳는다. 주꾸미는 고둥의 빈껍데기를 몇 개씩 묶어서 바다 밑에 가라앉혀 놓으면 그것을 집으로 착각하고 안에 들어오는 습성을 이용하여 잡는다.

먹을 것이 흔하지 않던 시절에는 주꾸미가 서해안 해안가 사람들의 구황 식량이기도 했다. 그 이후 주꾸미의 맛과 효능이 알려져 낙지 대신 즐겨 먹기 시작하면서 지금의 '봄 주꾸미, 가을 낙지'라는 말이 퍼지게 되었다. 낙지의 대체품이던 주꾸미는 인기가 높아지면서 봄이면 낙지보다도 더 비싸게 팔린다. 주꾸미는 맛도 좋지만 최근에 건강식 재료로 부각

되고 있는데, 이는 타우린^{Taurine, 담즙의 주 구성성분} 성분이 많이 함유되어 있기 때문이다. 주꾸미의 타우린 함유량은 100g당 570mg을 가진 낙지나 730mg을 가진 꼴뚜기보다 높은 1600mg으로 매우 높다. 타우린은 간에 축적된 콜레스테롤을 분해하여 담즙산으로 배설시켜, 간과 몸의 피로를 해소하는 데 탁월한 효과가 있다. 또한 타우린은 뇌 기능 활성화와 인지 기능 향상에 도움이 되며 뇌의 치매 원인 물질인 베타 아밀로이드^{beta-amyloid, 치매 환자의 뇌에서 발견되는 플라크의 주성분}를 조절하는 뇌 신경세포를 활성화하는 것으로 알려져 있다. 또한 주꾸미는 불포화지방산인 DHA가 풍부해서 성장기 어린이의 뇌 발달에 도움이 된다고 한다. 주꾸미는 지방이 적어서 저칼로리 식품으로 다이어트에도 좋고, 필수아미노산인 이소로이 신, 루이신, 리이신 등이 풍부할 뿐만 아니라 머릿속에 들어 있는 먹물은 항종양 성분인 각종

다당류를 포함하고 있다. 이 다당류는 위액의 분비를 촉진해 소화에도 많은 도움을 준다.

주꾸미는 다양한 요리 방법이 있다. 주로 주꾸미 숙회로 먹는데 끓는 물에 살짝 데쳐 몸통을 먼저 초고추장에 찍어 먹은 뒤 좀 더 오래 익힌 머리 부분을 먹는다. 주꾸미와 돼지고기는 음식 궁합이 잘 맞아 매콤한 주꾸미 삼겹살 볶음이 인기가 많다. 돼지고기는 지방과 콜레스테롤이 높은 반면, 주꾸미에는 콜레스테롤 수치를 내려주는 타우린이 다량 함유되어 있어 돼지고기의 단점을 해결해주는 효과가 있다. 주꾸미 연포탕과 샤부샤부도 별미인데 무와 다시마로 낸 육수에 주꾸미와 각종 해산물, 채소를 넣고 데쳐지면 건져 먹는다. 또 매운 주꾸미 고추장 구이도 많이 만들어 먹는데 일반 음식점에서 먹는 대부분의 주꾸미 고추장구이는 베트남의 붕따우^{베트남 호치민시 남쪽의 주꾸미 주산지}산이다. 그리고 주꾸미에서 먹물을 빼낸 후 밥, 김 가루, 참기름을 넣어 볶아 먹기도 한다. 주꾸미 먹물 채취는 살아있는 생주꾸미에게서만 가능하다.

최고의 여름 보양식은 무엇일까

장어

삼복더위에는 갯장어[하모] 데침 회가 제철이다. 갯장어 데침 회는 일종의 유비키[사부사부] 형태로 갯장어에서 뼈를 분리한 후 살을 잘 발라 촘촘하게 칼집을 넣은 살 조각을 살짝 익히면 하얀 살점이 껍질 쪽으로 말리면서 마치 흰 꽃처럼 변하는데 이를 와사비[고추냉이] 간장이나 초고추장에 바로 찍어 먹거나, 깻잎이나 쌈 채소에 데친 갯장어 살점을 올리고 데친 부추나 버섯, 그리고 된장 찍은 생마늘을 함께 싸서 먹으면 참 맛있다.

여름에 전라남도 고흥반도와 경상남도 고성 자란만 해역에서만 주로 잡히는 갯장어는 주둥이가 길고 뾰족하며, 날카로운 이빨과 송곳니가 있다. 게다가 잘 무는 습성이 있어서 갯장어에게 섣불리 다가가면 물려서 큰 상처를 입을 수 있다. 갯장어를 《동의보감東醫寶鑑》에서는 '해만', 그리고 정약전의 《자산어보》에서는 개의 이빨을 가진 뱀장어로 묘사하여 '견 아려'라고 칭하고 있다. 일본인들은 갯장어를 무척 좋아해서 일제 강점기에는 갯장어를 수산통제 어종으로 지정하여 일본 사람만이 갯장어를 잡거나 유통할 수 있도록 했었다. 자연히 우리나라에서 잡은 갯장어는 모두 일본으로 수출되었고, 그로 인해 우리나라에서는 갯장어라는 이름보다 일본어인 하모라는 이름이 더 널리 쓰이게 되었다.

장어류에는 갯장어하모, 뱀장어민물장어, 붕장어아나고, 그리고 먹장어곰장어가 대표적이다. 갯장어는 겨울에 제주도 남쪽 해역에서 겨울을 보내고 봄이 되면 한반도 서남부로 이동하여 어류나 패류를 잡아먹으면서 자라는데, 성어가 되면 길이가 2m 정도로 커진다. 뱀장어는 일생을 거의 하천에서 보내고 성어가 되면 바다로 내려가 태평양의 마리아나 해구 근처에서 산란한다. 뱀장어는 육식성으로 성어의 길이는 1m까지 자라며 담수계 먹이사슬의 최상위에 위치한다. 흔히 아나고라고도 불리는 붕장어는 생김새가 뱀장어와 비슷하지만 뱀장어와 달리 바다에서만 서식한다. 붕장어는 어릴 때는 얕은 바다에 서식하다가 4년생 이상이 되면 먼바다로 나가서 산다. 먹장어는 뱀장어와 비슷하게 생겼으나 바다 밑바닥 생활에 적응하면서 눈이 상당히 퇴화하였다. 부산에서는 꼼지락거리는 움직임으로 인해 '꼼장어'라고 부르지만, 표준어 표기는 '곰장어', 학술적 명칭은 눈이 퇴화하였다고 해서 '먹장어'이다.

갯장어는 잔가시가 억세고 많아 손질하기가 쉽지 않다. 우선 갯장어를 고정하고 등뼈와 등뼈에 연결된 잔가시를 잘 발라내면 구이나 탕의 재료로도 쓸 수 있다. 숙련된 요리사가 갯장어의 잔가시를 잘 발라낸 다음 숯불에 구우면 갯장어의 기름으로 인해 적당히 자글자글 구워지면서 아주 고소하고 뼈가 없어서 먹기가 아주 편하다. 그러나 제철 갯장어는 껍질을 벗긴 후 뼈째 잘게 썬 세꼬시 형태로 즐기면 뼈째 먹어도 불편함이 없고 씹을수록 고소함이 전해진다. 갯장어 샤부샤부는 육수를 갯장어의 뼈와 머리, 그리고 각종 한약재를 넣고 10시간 이상 푹 고아서 만든 후 잘 손질한 샤부샤부용 갯장어 살을 하나씩 젓가락으로 집어 끓는 육수에 살짝 데쳐서 먹어야 부드럽고 맛이 있다. 샤부샤부용 갯장어를 너무 오래 데치면 살이 부스러지기 때문에 조심해야 한다. 제주도에서는 된장을 푼 육수에 등뼈와 잔가시를 제거한 갯장어와 풋배추, 버섯 등의 채소를 함께 넣어 갯장어 된장국을 끓여 먹거나, 손질한 갯장어를 적당한 크기로 자른 후 불판에 구워 신선한 채소에 된장을 찍은 고추와 마늘을 함께 얹어서 쌈을 싸 먹기도 한다.

장어류는 일반 어류와 달리 단백질 함량이 높고, 기억 학습 능력의 개선, 항고혈압, 항콜레스테롤 등에 효과가 있는 오메가3 불포화지방산인 EPA와 DHA, 시력 향상이나 야맹증에 효과가 탁월한 비타민 A의 함량이 매우 높다. 갯장어는 크기가 클수록 칼슘과 인, 그리고 비타민 A의 함량이 높다. 국내 연구진의 연구에 의하면 갯장어의 크기가 65cm인 경우 갯장어 100g당 칼슘은 660mg, 인은 680mg 그리고 비타민 A는 2,450IU로 어린 갯장어에 비해 함량이 매우 높다. 따라서 갯장어를 고를 때에는 가능하면 큰 갯장어를 고르는 것이 영양가가 훨씬 좋다. 민물장어는 칼슘과 인의 함량은 갯장어에 비해 조금 낮지만 비타민 A의 함량은 갯장어보다 조금 높은 편이다. 《동의보감》에서 민물장어는 자양강장식품으로 인체의 오장육부 기능을 활성화하고 면역기능을 강화한다고 한다. 특히 붕장어는 잔가시가 없어 주로 껍질을 벗기고 잘게 썬 세꼬시로 먹는데 계절과 관계없이 필수 아미노산 함량이 일정하고 불포화지방산이 풍부하다. 먹장어는 여름이 제철로 주로 구워 먹거나 매운 양념을 넣고 볶아서 먹으면 맛이 있어 포장마차에서 주로 사용하는 재료이다.

어느 하나 버릴 것 없는
《동의보감》의 칭찬

민어

삼복더위란 여름철 가장 더운 7월 중순에서 8월 중순까지의 무더운 날씨를 말한다. 우리 선조들은 삼복더위에 어떤 음식으로 무더위를 극복했을까. 일반 서민들은 대개 삼계탕, 추어탕 등을 먹고 소위 사대부 집안에서는 민어탕으로 여름 더위를 극복했다. 목포에 가면 민어 거리가 있고 여러 유명한 민어 횟집이 있다. 큰 민어를 손질해서 먹기 좋도록 두툼하게 썬 민어회는 참기름을 두른 된장이나 양념간장에 찍어 그대로 먹거나 상추 또는 깻잎에 올려 잘게 자른 고추와 마늘을 함께 싸서 먹으면 참 맛있다. 민어의 뱃살 부위는 특히 쫄깃한 맛이 강하며, 다른 부위는 부드럽고 감칠맛이 있다. 그리고 민어회에 같이 제공되는 민어 부레와 데친 민어껍질, 그리고 뼈를 다져서 만든 탕탕이 등은 그냥 참기름 소금장에 찍어 먹어도 맛있다. 그리고 민어전은 대구전이나 동태전에 비할 수 없는 최고의 맛을 자랑한다. 마지막으로 민어의 회를 뜨고 남은 부위인 민어 큰 통뼈, 민어 알 등을 넣고 끓인 민어탕은 참 시원하다.

민어과의 대표 어종은 민어로서 다 자라면 크기가 1m가 넘는 대형 물고기이며 어패류, 갑각류 등을 주로 잡아먹는 육식성 어류이다. 민어는 동중국해로부터 우리나라까지 분포하는데 우리나라에서는 주로 서해와 남해에 서식하고 수심이 깊은 펄 바닥에서 생활하다 밤이 되면 먹이 활동을 위해 수면으로 이동한다. 가을에는 제주 근해에서 월동하고 봄이 되면 서해와 남해 쪽으로 이동하며 산란기에는 얕은 연안으로 접근한다. 민어는 일제 강점기부터 전남 신안군 재원도와 임자도 근해에서 많이 잡혔다고 하고 지금도 인접한 증도면 지도읍 수협어판장에서 민어가 가장 많이 유통되고 있다.

민어는 우리나라 사람들이 좋아하는 물고기이며《세종실록》지리지와 《신증동국여지승람新增東國輿地勝覽》의 토산조土産條에 민어에 관한 기록이 있다. 《자산어보》에는 민어를 면어鮸魚로 기술하고 "민어는 맛이 담담하고 날 것이나 익힌 것이나 모두 좋고 말린 것은 더욱 몸에 좋다. 부레로는 아교를 만든다. 젓갈이나 어포가 모두 맛이 있다"라고 기록되어 있다. 민어 부레로 만든 아교는 어교魚膠라고 부르며 접착력이 월등히 뛰어나 고급 가구나 전쟁에서 쓰이는 활인 각궁角弓을 만드는 데 사용되고 있다. 어교로 접착된 각궁은 여름철에 접착력이 좋아 중국 등의 활에 비해 사정거리가 무척 길어 전쟁할 때 사정거리가 긴 활, 각궁을 사용하여 전투력에 큰 도움이 되었다고 한다. 또한 민어의 부레는 고급 생선요리의 재료로 손꼽힌다.

허준의 《동의보감》에서 "민어는 맛이 달고 성질이 따뜻해 오장육부의 기운을 돋우고 뼈를 튼튼히 하는 음식"이라고 기술되어 있다. 민어는 단백질이 20%, 지방이 5%로 생선 중에서 열량이 낮은 편에 속하고, 비타민 A, B$_2$와 B$_6$, 니아신 그리고 칼슘이 많이 들어 있다. 민어는 흰 살 생선으로 소화 흡수가 잘되어 노약자에게 매우 적합한 식자재이다. 냉장고에서 다섯 시간 이상 저온 숙성한 민어회가 육질이 쫄깃쫄깃하고 감칠맛이 나는 이유는 숙성 과정 중에 수분이 빠져나가고 이노신inosine이라는 아미노산이 다량으로 생성되기 때문이다. 민어의 뱃살은 바다의 삼겹살로 불리는데 단단한 지방층이 있어 소금장에 찍어 먹으면 쫄깃하면서 고소한 맛이 있다. 민어의 껍질은 뜨거운 물에 10초 정도로 살짝 데친 후 얼음물에 담가 식힌 다음 양념 소금에 찍어 먹으면 식감이 쫄깃하며 고소한 맛이 일품이다. 특히 민어의 부레는 농혈을 멈추는 효능이 있다고 알려져 있어 한방에서 보약의 재료로 이용되기도 한다. 민어의 부레는 젤라틴이 주성분이고 콘드로이틴chondroitin, 연골, 뼈, 힘줄 등 결합조직에 주성분 성분이 들어 있어 피부 세포에 탄력을 주는 것으로 알려져 있다. 참기름 소금장에 찍어 먹으면 쫄깃하면서 매우 담백한 맛을 느낄 수 있다. 민어탕은 회를 뜨고 남은 머리, 뼈, 내장 등을 넣어 한 시간 이상 푹 끓이면 시원한 맑은 탕이 완성되는데 특히 민어 내장에는 양질의 아미노산이 들어 있어 우리 몸의 신진대사를 촉진시켜 준다.

진시황이 즐겨 먹은
바다의 보배

전복

무더운 여름철에 완도에서 나오는 전복을 이용해서 만든 버터 전복구이, 전복을 넣은 닭이나 오리 백숙, 전복과 문어 등 각종 해물을 넣은 해물탕, 전복회 등은 여름철 많은 사람이 찾는 음식이다.

옛날에는 무더위가 찾아오면 원기회복을 위해 왕가에서 전복을 넣은 닭백숙이나 미역국, 잘 사는 사대부 사람들은 민어탕, 일반 서민들은 닭백숙을 많이 먹었다고 한다. 전복이 뛰어난 자양강장 효과를 가지고 있어 중국의 진시황이 즐겨 먹었다는 이야기도 전해진다. 조선시대에는 제주에 부임한 관찰사의 주된 업무 중의 하나가 전복을 구해 왕에게 진상품으로 보내는 일이었다고 한다. 예로부터 전복은 매우 귀해서 신비의 대상이자 선망의 음식으로 여겨졌다.《자산어보》에는 전복의 살은 맛이 달아서 날로 먹어도 좋고, 내장은 종기 치료에 효과가 있다고 기록되어 있다. 또한 1809년 빙허각 이씨가 작성한 가정 살림에 관한 책인《규합총서閨閤叢書》에 따르면, 전복 패각에 있는 호흡공呼吸孔은 눈을 밝히는 약으로 쓰였다고 한다. 이뿐만 아니라 중국과 한국 궁중의 옛 고급 요리서 등에서도 전복 요리를 쉽게 찾아볼 수 있고, 현재에도 전복을 이용한 각종 요리는 많은 사람들에게 인기 있는 요리이다.

우리나라 전복 생산량은 2014년 기준 약 9,250t 정도인데, 이 중 99%가 양식 생산이다. 양식 전복의 98%가 전남 지역에서 생산되며, 이 중 80%가 완도 지역에서 생산되고 있다. 특히 완도에서 생산되는 전복은 양식 기술의 발전으로 생산량이 증가하면서 일본과 중국 등지에 수출하고 있기도 하다. 완도 지역에서 전복이 많이 생산되는 이유는 완도가 다른 지역보다 청정지역이면서 파도가 적어 전복의 주 먹이인 다시마나 미역이 잘 자랄 수 있는 환경이 조성되어 있기 때문이다

예로부터 전복은 여러 종류의 단백질과 비타민이 풍부하여 간 기능 활성화, 피부미용, 자양강장, 산후조리, 허약체질 등에 탁월한 효과가 있다고 알려져 있다. 다들 한 번쯤은 몸이 허해졌을 때 몸보신을 하기 위해 전복을 먹어본 경험이 있을 것이다. 하지만 전복에는 우리가 흔히 알고 있는 이러한 효능 외에도 주목해볼 만한 기능들이 있다.

첫 번째로, 피가 혈관에서 굳는 것을 막아주는 항혈전 기능이 있다. 포화지방이 많은 식품을 지속해서 오랫동안 많이 먹게 되면 혈관이 막히는, 흔히 중풍이라 부르는 뇌졸중에 걸리게 된다. 중풍은 환자를 사망에 이르게 할 수 있을 뿐만 아니라 신체 기능의 소실에 따른 삶의 질을 떨어뜨리게 하는 매우 무서운 질병인데, 전복 살과 내장에는 혈전 용해 효소가 들어 있어 전복을 섭취하면 중풍을 예방하는 데 큰 도움이 된다. 이미 시중에 여러 종류의 항혈전제들이 나와 있지만, 전복은 천연에서 얻을 수 있는 항혈전 식품이라는 점이 중요하다.

두 번째로, 요오드가 풍부하다. 다시마나 미역과 같은 해조류에는 요오드가 많이 들어 있기 때문에 그것을 주 먹이로 삼는 전복에도 요오드가 풍부하게 함유되어 있다. 전 세계적으로 요오드 결핍이 심각한데, 2012년에 WHO가 발표한 것에 따르면 전 세계 인구 중 약 38.2%에 달하는 사람들이 요오드 결핍증^{Iodine Deficiency Disorders, IDD}을 앓고 있다고 한다. 요오드 결핍

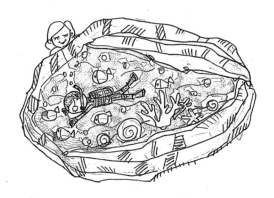

증은 어른에게는 갑상샘 기능 저하증과 갑상샘이 확대된 갑상샘종을, 어린이에게는 성장이 지연되고 인지 기능이 손상되는 증상을 유발한다.

특히 임산부의 요오드 섭취가 1일 25㎍ 이하일 때는 유산, 사산, 기형아 출산 등의 확률이 높으며, 출생 후 정신지체, 시각장애, 언어장애 등의 증세가 나타나는 크레틴병에 걸릴 확률이 높아진다. 그래서 예로부터 임산부에게 미역국을 많이 먹이곤 했는데, 최근 국내 연구팀의 연구 결과에 따르면 다시마와 미역 등 해조류를 주식으로 삼는 전복 살과 내장에도 요오드가 풍부하게 포함되어 있다고 한다. 따라서 요오드의 부족으로 인한 각종 합병증을 전복 섭취를 통해 막아낼 수 있다.

실험 결과에 의하면 보통 크기의 전복 내장을 한 개 먹으면 요오드 일일 섭취량을 충족시킬 수 있다. 미국과 캐나다에서는 요오드 섭취를 위해서 일반 소금과 육가공 제품에 대량의 요오드를 의무적으로 첨가하도록 법으로 규정되어 있다. 전 세계적으로 한국, 일본, 중국과 유럽과 같이 해안이 인접한 지역의 사람들은 미역, 김 그리고 다시마 등 해조류를 통해 요오드를 섭취하기에 요오드 결핍증상이 없지만, 그 외 나라의 사람들은

요오드가 부족해서 인위적으로 요오드가 첨가된 식품을 반드시 섭취해야 한다.

앞서 언급하였듯이, 전복은 이미 우리가 알고 있었던 간 기능 활성화, 피부미용, 자양강장, 산후조리, 허약체질 등에 좋은 건강 기능성이 있을 뿐만 아니라, 항혈전 기능과 요오드의 풍부함까지 두루 갖추고 있는 만점짜리 '천연 건강기능식품'이다. 최근 국내의 양식 및 가공 기술의 발전으로 전복의 생산과 가공품 생산량이 해가 갈수록 증가하고 있어 국내 수요는 물론 해외로 수출할 날이 머지않았다.

이자겸의 반란과 굴비의
상관관계

굴비

조기에 소금 간을 하여 말린 굴비는 한국인이 가장 좋아하는 생선 중의 하나임에 틀림이 없다. 영조 때 황윤석[1729~1791]이 쓴《화음방언자의해^{華音方言字義解}》에서는 조기를 머릿속에 단단한 돌 같은 뼈가 있다고 하여 석수어^{石首魚}로 기록하고 있고, 이의봉[1733~1801]의《고금석림》에서는 석수어를 사람의 기운을 돋우는 생선이라 하여 조기^{助氣}라 기록하고 있다. 조기는 전라남도의 고온 다습한 시기에 대량으로 어획되는데, 쉽게 상해서 보관이 어렵기 때문에 고려시대에 이미 굴비와 같은 소금으로 절여서 염건품^{鹽乾品} 형태의 가공방법이 발달하게 되었다. 조기의 몸 전체와 아가미에 소금을 뿌려 항아리에 담아 이틀쯤 절인 후 보에 싸서 하루쯤 눌러 놓았다가 빳빳

해질 때까지 잘 건조하면 다양한 미생물에 의해 숙성되면서 향미가 증진되어 더 맛있는 굴비가 만들어진다. 굴비는 보관성이 뛰어나 오래 두고 먹을 수 있고 예전에도 집에 방문한 귀한 손님에게 접대하는 음식 또는 다른 집에 보내는 귀한 선물로 사용되기도 했다.

굴비가 잘 알려지게 된 데에는 재미있는 역사가 있다. 고려 인종 때 이자겸이 반란을 일으켰다가 실패하여 전남 영광의 정주^{지금의 법성포}로 귀양을 가게 되었다. 이자겸은 그 지역에서 생산된 굴비를 먹어보고 그 맛에 감탄하여 인종에게 진상하면서 지신의 뜻을 굽히지 않겠다는 의미로 굴비^{屈非}라는 글자를 써서 보냈다. 이때부터 영광굴비가 유명해졌고 임금님의 수라상에 올라가게 되었다.

굴비를 만드는 조기는 참조기와 수조기이다. 황석어^{黃石魚}라 불리는 참조기는 몸빛이 회색을 띤 황금색이며 입이 불그레하고 옆줄이 다른 조기에 비해 선명하다. 참조기와 비슷한 수조기^{釜非}는 참조기보다 몸이 가늘고 머리가 몸체에 비해 크고 몸은 황색이다. 조기의 주요 어장은 전남 영광의 칠산 바다인데, 특히 산란을 위해 3월 중순 영광 법성포 칠산 앞바다에 온 참조기를 잡아 소금 간을 하여 말린 굴비를 영광굴비라 한다. 영광 지역의 뱃노래에는 '돈 실로 가세. 돈 실로 가세. 영광 법성으로 돈 실로 가세'라는 가사가 있을 정도로 참조기 어업이 성행했다고 한다. 좋은 굴비는 상처가 없으면서 머리가 둥글고 두툼하며 비늘이 몸통에 잘 붙어 있어야 한다. 영광굴비는 1년 넘게 보관해서 간수가 빠진 천일염을 조기에 뿌린 후 공기가 잘 통하는 그늘진 곳에 보관하여 말리는 방법으로 만든다. 지금은 참조기가 칠산 앞바다에서 잘 잡히지 않아 다른 지역에서 잡힌 참조기를 영광에서 말려 굴비를 만드는 경우가 대부분이다. 요즈음 참조기의 값이 너무 비싸서 상대적으로 값이 싼 수조기로 굴비를 만들어 먹는데, 수조기로 만든 굴비도 맛이 좋은 편이다.

보리굴비는 일 년 이상 해풍에 말리 참조기를 항아리에 담고 곰팡이가 나지 않게 보리를 채워 보관 및 숙성시킨 굴비를 보리굴비라고 한다. 굴비를 보리쌀에 넣어 보관하면 굴비가 보리의 향을 받아들여 비린내가 없어지고, 숙성되면서 굴비의 기름이 표면에 배어 나와 누런색을 띠게 된다. 잘 숙성된 보리굴비는 아주 단단하기 때문에 보자기에 쌓아 방망이로 잘 두드린 후 꼬리 부분부터 쭉쭉 찢어서 먹으면 무척 맛있다. 또는 쭉쭉 찢은 살을 고추장에 재어 두고 오랫동안 밑반찬으로 먹을 수도 있다. 이외에도 보리굴비를 쌀뜨물에 담가 약간 불린 다음 찜솥에 살짝 쪄서 먹으면 독특한 식감과 고유의 향미를 느낄 수 있다. 특히 여름철에는 향이 진하지 않은 차가운 녹차 물에 밥을 말아서 보리굴비 살점을 얹어 먹으면 생선 살의 잘 숙성된 감칠맛이 놓쳤던 입맛을 돌아오게 할 정도의 별미다.

굴비는 양질의 단백질과 비타민 A, D가 풍부하여 야맹증과 피로 해소에 도움이 된다. 또한 지방질이 적어 소화가 잘되므로 소화 기관이 약한 노인에게 좋은 음식이다. 굴비는 구이, 탕, 조림, 찜, 등의 다양하게 조리가 가능하다. 굴비 요리 중 가장 사랑받는 것으로 굴비구이가 있는데, 굴비구이는 칼집을 넣은 굴비를 간장 양념^{간장, 파, 마늘 참기름, 실고추 등}에 잠깐 재운 다음 숯불이나 연탄불에 달군 석쇠에 구운 것이다. 요즈음에는 간편하게 프라이팬에 식용유를 두르고 굽기도 한다. 또 하나의 별미는 굴비 매운탕으로 일반적인 생선 매운탕에 굴비가 들어간다는 점이 다르며, 생강즙과 청주로 굴비 특유의 비린 맛을 잡아주어야 하고 내장을 잘 제거해야 쓴맛을 줄일 수 있다.

맛있는 기름이 뚝뚝뚝

과메기

겨울철 찬 바람이 불면 동해안 구룡포를 시작으로 해안 도로마다 늘여 놓은 과메기가 건조되면서 기름이 뚝뚝 떨어지는 모습을 쉽게 볼 수 있다. 과메기를 이용한 가장 흔한 요리로는 본연의 맛을 가장 잘 느낄 수 있는 과메기 쌈이 있다. 잘 건조된 청어나 꽁치와 함께 과메기를 적당한 크기로 자른 후 초장에 찍어 김을 배추쌈에 얹고 미역, 마늘, 고추, 미나리, 쪽파 등을 함께 싸서 입에 넣으면 고소한 맛이 입안에서 퍼지는 것이 일품이다. 과메기 무침은 과메기를 결을 따라 찢은 후 양파, 고추, 무채, 미역 등의 채소와 초고추장을 넣어 잘 버무려준 것으로 쫀득한 식감이 특징이다. 과메기 비빔밥은 적당한 크기의 과메기와 양파, 당근, 깻잎, 미나리, 사과 등을 넣어 밥과 잘 비빈 후 구운 날김에 싸 먹으면 아주 맛있다. 그 외에 과메기 조림, 과메기 전골 그리고 과메기 튀김과 과메기 껍질 구이 등이 있다.

1912년 신문관에서 출판된 《소천소지笑天笑地》에 의하면 '과거 길에 오른 선비가 바닷길을 걷던 중 배가 고파서 나뭇가지에 눈이 꿰어져 적당히 말려진 청어를 찢어서 먹었는데 그 맛이 기가 막히게 좋아서 집에 돌아온 후에 겨울에 청어를 사서 눈을 꿰어 적당히 말린 후 먹었다'는 것이 과메기의 유래라고 한다. 그래서 눈을 꿰인 생선이라는 의미로 '관목어貫目漁'라고 하는데 이 말이 후에 과메기로 변형되어 사용되었다. 과메기와 비슷한 것으로는 이규경[1788~1863]이 저술한 《오주연문장전산고五洲衍文長箋散稿》에 나오는 연관목燃貫目이 있는데, 청어의 눈을 꿰어 연기를 그을려 말린 것으로 지금의 과메기 형태일 것으로 추측된다. 미국의 인디언들도 잡은 연어를 연기에 그을려 말려서 먹었는데 촉촉한 식감과 불에 그슬린 냄새가 좋아 전 세계적인 상품으로 많은 사람의 사랑을 받고 있다. 1809년에 발행된 《규합총서》에서도 '청어의 두 눈이 서로 통할 정도의 싱싱한 청어를 말려서 먹으면 그 맛이 기이하다'라는 기록이 있는데 이것도 지금의 과메기 형태이다.

과메기의 원료는 전통적으로 청어가 사용되었는데, 1960년 이후 청어의 어획량이 급격히 감소하여 청어 대신 어획량이 많은 꽁치를 과메기의 원료로 사용되고 있다. 그러나 최근 청어가 다시 잡히기 시작하면서 과메기의 원료로 청어와 꽁치를 둘 다 사용하고 있다. 청어와 꽁치는 등 푸른 생선으로 동절기에 2주 이상 해풍에 건조하면 수분 함량 40% 정도의 중간 수분 식품이 된다. 식감이 쫀득하고 건강에 좋아 전국적으로 소비량이 점차 증가하고 있다. 청어 과메기와 꽁치 과메기는 식감에 큰 차이가 있다. 꽁치 과메기는 부드럽고 잘 찢어지는 반면 청어 과메기는 좀 질기지만 수분 함량에 따라 조금씩 차이가 있다고 한다. 청어와 꽁치는 각기 어종이 잡히는 시기와 지역, 과메기의 가공 방법, 건조 방법^{온도, 풍속, 시간}에 따라 일반 성분 조성과 영양 평가에 차이가 있다.

과메기의 원료인 청어와 꽁치는 대표적인 등 푸른 생선으로 각종 불포화지방산이 풍부하고, 노화 예방에 효과가 있는 비타민 E가 다량 함유되어 있다. 과메기에는 항콜레스테롤에 효과가 있는 오메가9 지방산인 올레인산과 기억 학습 능력 개선, 항고혈압, 항콜레스테롤 등에 효과가 있는 오메가3 지방산인 EPA^{eicosapentaenoic acid}와 DHA가 모두 풍부하게 함유되어 있는데, 청어 과메기의 경우 올레인산, EPA, DHA가 꽁치와 메기에 비해 2~3배 더 많이 들어 있다. 무기질 함량을 보면 청어 과메기 100g에 칼슘, 인의 함량이 남성 일일 섭취 권장량의 50% 정도가 들어 있고, 마그네슘의 경우 남성 일일 섭취 권장량의 20% 정도가 들어 있다. 꽁치 과메기는 무기질 함량이 청어보다 좀 떨어지는 편이다. 또한 과메기에는 콩나물국에 함유된 아스파라긴산이 다량 들어 있어서 시원한 맛이 난다.

맛, 다이어트, 건강을
섭렵한 일석삼조

도루묵

11~12월에 속초에 가면 도루묵이 넘쳐난다. 속초 해변 길 주위에 있는 집들의 처마에는 갓 잡은 싱싱한 도루묵을 실에 꿰어 매달아 놓고 말리는 풍경이 흔하다. 말릴 때 내장을 빼는 경우도 있지만, 보통은 싱싱한 도루묵은 깨끗이 씻어서 그대로 실에 꿰어 말린다는 점이 특징이다. 특히 잘 말린 작은 도루묵은 프라이팬에 달달 볶다가 고추, 마늘, 양파 등 갖은 양념을 넣어 함께 볶으면 뼈째 먹을 수 있는 맛있는 요리가 된다. 그 외에도 도루묵구이, 도루묵 매운탕, 도로묵 맑은탕, 그리고 적당히 말린 도루묵으로 만든 도루묵찜이 정말 맛있다.

도루묵의 원래 이름은 생선의 껍질이 나뭇결과 같은 무늬가 있다고 해서 '목어^{木魚}'라고 불리었는데 일부 지역에서는 '묵어'로 사용되었던 것 같다. 조선시대 정조 때의 문인인 이의봉의《고금석림^{古今釋林}》과 조재삼의 《송남잡지^{松南雜識}》에 의하면 피난길에 오른 선조가 시장기를 느껴서 음식을 찾던 중 인근의 어부가 바친 생선이 너무 맛이 있어서 생선의 이름을 묻자 '묵'이라고 답했다고 한다. 그러자 임금이 이 맛있는 생선의 이름이 '묵'인 것은 적당하지 않다며 '은어^{銀魚}'로 명명하도록 했다. 그 후 세월이 흘러 임금이 예전에 먹었던 은어가 떠올라 다시 찾아 먹었는데 맛이 없어 실망하여 생선의 명칭을 도루 '묵'으로 하라고 해서 '도루묵'이 되었다고 한다. 도루묵을 은어로 표시한 기록은《세종실록지리지》에 있으나 도루묵은 영동 이북의 동해 부근에서 잡히기 때문에 설화의 주인공은 선조가 아니고 그전의 임금인 태조 이성계이거나 고려 때의 임금일 가능성이 높다. 도루묵이란 말은 그 이후 헛된 일을 가리키는 말로 널리 쓰이게 됐다.

도루묵은 동해, 일본, 러시아 캄차카반도에 분포하고 있으며, 주로 바닥이 모래인 곳에 서식한다. 산란기가 되면 동해 먼바다에서 돌아와 동해안 속초부터 삼척 연안에 11월부터 겨울철까지 알을 낳는 생선으로, 알배기 도루묵의 알은 탱글탱글해서 씹으면 입안에서 톡톡 터져서 고소하며 생선 비린내가 거의 없고 연해서 누구나 즐길 수 있는 생선이다. 동해의 어족자원이 2000년대에 거의 고갈되었고 특히 도루묵의 어획량이 4천 톤으로 급감하자 동해안의 도루묵을 보존하고 어획량을 늘리기 위해서 강원도 강릉에 소재한 동해수산연구소에서 도루묵 알을 채취하여 대량으로 부화를 시킨 후 치어를 방류하고 있다. 동해수산연구소 덕에 아직도 우리는 매년 겨울에 맛있는 도루묵을 맛볼 수 있게 되었다.

도루묵은 뼈째 먹는 세꼬시 맛이 일품이다. 도루묵 식해는 좁쌀이나 멥쌀로 밥을 지어 적당히 말린 도루묵과 고춧가루 등의 각종 양념을 넣어 삭힌 것으로 뼈째 먹을 수 있어 훌륭한 칼슘 공급원이 되기도 한다. 도루묵 조림은 도루묵과 양념장, 무, 양파 등 채소를 넣어 졸인 것으로 특히 건조된 도루묵을 사용하면 탄탄한 식감이 일품이다. 알배기 도루묵은 알을 먹기 위한 조림이라고 할 정도로 맛이 좋은데 특징은 몸집에 비해 알이 크고 많이 들어 있다. 도루묵 맑은탕은 알배기 도루묵과, 무, 양파, 마늘과 청양고추를 넣는 것이 특징으로 간은 새우젓으로 해서 뒷맛이 깔끔하다. 겨울철 별미 중의 하나는 도루묵 소금구이이다. 도루묵을 굽기 전 양면에 소금을 발라두어 간을 한 다음 석쇠 위에 구우면서 굵은 소금을 뿌려 가며 익히는 것이 특징이다.

도루묵은 단백질과 지방이 적당히 함유되어 있고 비린내가 거의 안나는 생선이다. 도루묵에는 우리 몸에 좋은 불포화지방산의 대표인 오메가3가 갈치나 삼치 그리고 임연수어보다 많이 들어 있다. 오메가3는 우리 몸의 혈관 벽을 유연하게 해주고, 피를 응고시키는 혈소판 응집을 억제하여 혈액의 점도가 떨어지게 하여 혈전 형성 감소, 콜레스테롤 감소, 그리고 몸에 좋은 고밀도지단백질[HDL]의 생성이 증가된다. 도루묵에는 다양한 불포화지방산이 들어 있어 각종 채소를 넣어 곁들여 먹으면 채소의 비타민과 무기질이 함께 섭취되어 건강에 좋고, 도루묵 요리는 열량이 낮아 다이어트에도 효과적이다.

도루묵구이나 도루묵찜의 알을 먹다 보면 실 같은 점액질이 나오는데 이 점액질의 주성분은 콘드로이틴과 히알론산이다. 콘드로이틴과 히알론산은 우리 몸의 피부에 탄력을 주고 관절의 연골과 연골의 윤활유인 활액의 성분이 된다. 반면에 도루묵의 알에 들어 있는 콜레스테롤은 우리가 먹는 오징어나 달걀보다 적다. 도루묵 100g에는 칼슘이 30mg, 인이 170mg 들어 있어서 성장기 청소년들에게 훌륭한 칼슘 공급원이고, 인이 많아 뼈와 치아 조직을 튼튼하게 해준다. 또한 주요 아미노산인 라이신과 트레오닌 성분이 많아 곡류의 부족한 아미노산을 보충해준다.

한겨울에 너무 맛있다

대방어

추운 겨울 12월부터 대방어 철이 시작되는데, 살이 오른 대방어회는 참 맛있다. 방어 중에서 6kg 이상인 것을 대방어로 치는데 일반 방어보다 가격이 2배 정도 비싸다. 대방어는 제주도의 마라도 지역에서 낚시로 잡으며 미끼는 살아있는 자리돔을 사용한다. 현재는 동해안 고성에서도 유자망을 이용해서 방어를 잡고 있는데 제주도 못지않게 방어를 잡고 있다. 또한 돌고래가 좋아하는 먹이 중의 하나가 방어이다. 대방어와 비슷한 크기의 부시리라는 생선이 있는데 위턱 끝이 각이 있으면 방어이고 둥그렇게 되어 있으면 부시리이다. 일본에서는 방어를 '히라스'라고 부르는데, 부시리의 일본어인 '히라마사'에 유래했다고 한다. 방어는 최대 1.5m까지 자라고 최대 중량은 거의 40kg에 달한다. 추운 바다를 좋아하는 회유성 어종인 방어는 5월 초순부터 한여름까지 북상해서 동해 북한 지역의 최북단까지 올라갔다가 겨울철이 되면 남하하여 제주도까지 이동한다.

《세종실록》에 의하면 방어는 함경도와 강원도에서 가장 많이 생산되는 물고기 중의 하나로서, 방어는 강원도 동해안에서 중요한 수산물 중의 하나였다. 세종 때 편찬된《경상도지리지慶尙道地理志》에는 방어가 동평현의 토산공물조에 실려 있는데, 이는 지방에서 방어를 현물로 세금 대신 낼 수 있는 수산품이었다는 걸 유추할 수 있게 해준다. 기록에 의하면 관북의 어가에서는 방어를 잡아 기름을 채취했다고 한다. 잡은 방어 중 대방어는 바로 출하하지만 크기가 6kg 이하의 방어들은 3~6개월씩 가두리양식장에 가두고 살아있는 작은 생선을 먹이로 주어 살을 찌운다. 가두리양식장은 제주도와 동해안에 가면 쉽게 볼 수 있다. 크기가 어느 정도 커져서 대방어가 되면 어촌 경매장에 출하하게 된다.

대방어를 해체하여 여러 부위로 먹는다. 대방어의 눈가에 있는 살 2점을 회로 먹으면 무척 쫄깃하다. 방어의 배 부위와 지느러미 부위의 살은 마블링이 잘되어 있어 최고의 횟감으로 치며 참치 뱃살과 비교될 정도로 고소하고 부드러운 맛이 있다. 방어의 머리에서 꼬리로 이어지는 붉은 살을 회로 뜨면 헤모글로빈이 많아 소고기처럼 생겼는데 무척 탄력이 있고 쫄깃하다. 뱃살, 지느러미 부위의 살, 그리고 붉은 살을 먹을 때에는 소금을 넣은 기름장에 찍어 먹으면 참 맛이 있다. 그 외 배 근처에 있는 살은 부드러워서 일반 횟감으로 사용하기 좋다. 배 근처의 살을 먹을 때에는 간장, 초장, 양념간장 등 기호에 맞추어 먹으면 좋다. 제주도에서는 양념 된장에 찍어 먹기도 하고 또는 묵은지와 김, 고추 깻잎 등과 함께 싸서 먹기도 한다. 일반 방어는 대방어처럼 다양한 부위로 먹기는 힘들다.

대방어 머리는 구이로 많이 먹는데 '어두육미魚頭肉尾'라는 말처럼 방어의 맛을 제대로 느낄 수 있다. 대방어에 소금을 골고루 살살 뿌려서 오븐에서 바싹하게 구워내면 담백한 맛을 내는 살점과 고소한 맛을 내는 껍질을 맛볼 수 있다. 눈 주위의 물렁뼈 살은 젤라틴이 풍부해서 쫀득한 맛이 있고, 머리는 머리뼈를 일일이 손으로 잘 뜯어서 먹으면 뼈의 고소한 맛을 느낄 수 있다. 횟감을 제외한 나머지 살과 뼈는 지리나 매운탕으로 적합하다. 대방어는 큰 생선인 만큼 큰 뼈와 많은 지방을 가지고 있어서 지리로 끓이면 소뼈로 고운 사골처럼 진한 국물이 배어 나온다. 대방어의 내장은 다양한데 위, 간, 창자 등은 삶아서 소금을 넣은 기름장에 찍어 먹으면 참 맛있다.

작은 방어는 소금물에 절였다가 말린 후 석회에 구워 먹어도 맛이 있다. 《조선무쌍신식요리제법》의 방어구이를 소개하는 부분에 "방어를 소금에 절여두면 지질의 산화를 지연시키고 독특한 풍미를 증가시켜준다"고 기록되어 있다.

대방어의 눈 주위에는 젤라틴과 비타민 D가 풍부해서 노인들의 골다 공증 예방과 노화 방지에 도움이 된다. 또한 방어 살에는 비타민 E, 니아 신, DHA, EPA, 타우린 등이 들어 있어 고혈압, 동맥경화, 치매 방지, 피부 노화 방지 등에 효과가 있다. 죽은 방어는 단백질 분해가 빨라 알레르기 를 유발하는 히스타민^{histamine}이 생성되기 쉽고, 지질 산화에 의해 이취가 발생하기 쉽기 때문에 바로 소금에 절여 두고 구이용으로 활용하면 좋 다. 그리고 여름철에는 맛이 없고 기생충이 있을 수도 있어 회로는 먹지 않는다.

3장

혼자여도
다채롭다

튀김이 전부가 아니다

감자

2018년 4월에 있었던 남북정상회담 만찬장에 스위스인의 소울푸드인 감자전 '뢰스티^{rösti}'가 제공되어 화제가 되었다. 뢰스티는 김정은 위원장이 스위스 유학 중에 자주 즐긴 음식으로 추측된다. 뢰스티라는 명칭은 독일어로 굽다^{roast}라는 뜻을 지닌 스위스어 뢰스튼^{rösten}에서 유래하여 오늘날의 뢰스티로 변천되었다고 한다. 감자를 강판에 굵게 갈아 둥글게 부친 전으로 모양과 식감은 우리나라의 감자전과 해시 브라운의 중간 정도로 생각하면 된다. 스위스식 정찬에서는 뢰스티가 사이드디시로 제공되는데 양파, 치즈, 햄, 베이컨 등을 곁들여 먹으면 뢰스티에 다채로운 식감을 더해 준다.

감자의 원산지는 페루 등 남아메리카이며, 페루의 잉카문명 유적지의 조형물로 보아 4세기경 재배했던 것으로 추측된다. 페루의 안데스산맥에 있는 쿠스코 시장에 가면 지금도 매우 다양한 형태의 감자를 볼 수 있다. 우리나라에 전래된 경로는 정확히 알 수 없으나 19세기에 이규경이 저술한 《오주연문장전산고》에는 1824년경에 만주의 간도 지방에서 처음 들어왔다고 한다. 1862년에 김창한이 저술한 《원저보圓藷譜》에 의하면 전라북도 해안에 머문 영국 상선에 타고 있던 선교사가 씨감자를 나누어주고 재배법을 가르쳐주었다고 한다. 《원저보》에는 김창환의 아버지가 재배법을 배워 보급한 내력과 재배법이 기술되어 있다. 《조선농회보朝鮮農會報》 1912년 7월호에 의하면 1883년에 서울에서 감자가 재배되었다고 한다.

감자는 수분이 80%이고 나머지 고형 성분의 대부분은 전분이다. 나트륨 배출을 도와 혈압 조절에 도움을 주는 칼륨과 인산이 많이 함유된 알칼리 식품이며, 다른 뿌리 작물과 달리 '땅속의 사과'라고 불릴 정도로 비타민 C가 100g당 23mg으로 아주 풍부하며 비타민 C가 전분 입자에 둘러싸여 있어 익혀 먹어도 쉽게 파괴되지 않는 장점이 있다. 감자는 비교적 장기간 저장할 수 있고 맛이 좋아 세계 여러 나라에서 다양한 요리로 이용되어 왔다. 감자는 1570년 에스파냐에서 유럽으로 전파되었는데 감자가 성서에 없는 작물이어서 악마의 작물이라는 소문이 돌아 일반 사람들은 감자를 기피하기도 했다. 18~19세기에 급격한 인구 증가로 감자는 유

럽 서민들의 주식이 되었다. 그러나 1840년 유럽에서 감자에 마름병[세균이

감자 줄기 등에 침투하여 말라 죽는 병으로 수확이 최대 90%까지 감소]이 번지면서 감자 수확이 급격히

줄어들어 수많은 사람이 기근으로 사망하게 된다. 특히 아일랜드에서는

1845~1852년 동안 이어진 감자 마름병으로 식량 부족이 일어났고, 수백

만 명의 사람들이 기근과 질병으로 사망하였다. 그로 인해 살아남은 사람

중 많은 수가 미국으로 이민을 떠나게 되었다.

대표적인 감자 요리로는 프렌치프라이가 있다. 프렌치프라이가 어디

에서 기인하였는지는 확실치 않지만 제1차 세계대전 중 벨기에에 주둔하

던 영국군과 미국군이 지금 형태의 감자튀김을 접했는데 프랑스 요리로

착각하고 프렌치프라이로 불렀던 것에서 기인했다고 한다. 또한 매시 포

테이토가 있는데 추수 감사절에 미국인들이 즐겨 먹는 전통음식 중 한 가

지이다. 영국인들은 소시지인 뱅거스[bangers]와 매시 포테이토를 일상에서

즐겨 먹고, 네덜란드에서는 감자와 함께 당근이나 양파를 으깨 먹는 헛스

팟[hutspot]을 즐겨 먹는다. 또한 매시 포테이토는 그레이비소스[오븐에 고기를 구울 때

나온 육즙에 후추, 소금, 캐러멜 따위를 넣어 조미한 소스]를 곁들여 먹는 경우가 많다. 이탈리아의

대표적인 감자 요리로는 감자와 밀가루를 주재료로 만든 뇨끼[gnocchi], 스페

인에는 올리브유로 구운 감자에 매콤한 소스를 올려 먹는 파타타스 브라

바스[patatas bravas]가 있고, 우리나라에서는 강판에 간 감자를 기름을 둘러 전

으로 부치는 강원도 향토 음식인 감자전이 있다. 최근에는 기호에 따라

부추, 고추, 양파 등을 넣고 부치기도 한다. 그 외에 감자녹말로 반죽한 후 강낭콩으로 소를 만들어 쪄낸 감자떡, 간장과 참기름 등을 넣어 끓이면서 졸여 만드는 감자조림, 감자를 채를 친 후 볶아내는 감자채 볶음 등이 있다.

감자에는 솔라닌solanine이라는 알칼로이드 성분이 있어 아린 맛이 나는데 특히 껍질과 눈에 함량이 높다. 감자의 싹에는 솔라닌 함량이 높아서 이를 먹으면 식중독을 일으키게 되므로 싹이 트는 3~4월에는 특히 주의해야 한다.

밥 대신 고구마?
밥보다 고구마!

고구마

추운 겨울이 다가오면 떠오르는 간식거리로는 거리에서 판매하는 군고구마가 1순위이다. 예전에는 겨울이면 집에서 밤고구마를 쪄서 식구들과 둘러앉아 잘 익은 고구마 위에 김치를 얹어 먹었는데 그 맛이 참 별미였다. 고구마는 일본에서 구황작물로 효자 역할을 하였다고 효자마^{孝子麻}로 불렸는데 효자마의 왜음인 '고귀위마'가 우리나라에서 '고구마'로 변형되었을 것으로 추정된다. 고구마의 원래 명칭은 한자로 감저^{甘藷, 단맛이 있는 마}이지만 고구마라는 명칭이 보다 널리 알려져 있다.

고구마는 대표적인 구황작물로서 식량 사정이 어려웠던 우리나라의 70년대 상반기까지 식량 대용으로 사용되며 식량 문제를 해결하는 데 크게 기여하였다. 고구마는 덩이뿌리인 고구마뿐만 아니라 고구마 대와 고구마 잎까지 모두 훌륭한 식량 자원으로 활용할 수 있다. 게다가 간식, 건강기능식품 등으로도 가치가 매우 높아 최근 미 항공우주국[NASA]은 우주정거장에서의 고구마 재배를 연구하며 우주 시대의 식량 자원으로 추진하고 있다.

고구마의 원산지는 멕시코 유카탄반도와 남미 베네수엘라로 알려져 있다. 8,000년 전에 처음 재배됐고 점차로 재배지가 확산되어 2,000년 전부터는 이 지역에서 일반적으로 재배된 것으로 추정된다. 15~16세기에 스페인과 포르투갈 항해자들이 고구마를 동남아시아와 태평양 일대에 전해주었다. 콜럼버스가 1492년 신대륙을 발견하고 스페인에 귀환할 때 고구마를 가져와 일부 남부 유럽 지역에서 재배하였다. 1565년 스페인이 필리핀을 식민지화하면서 고구마가 필리핀에 전파되었고, 명나라의 상인 진진용[陳振龍]이 1594년 필리핀에 방문해서 고구마를 본 후 중국의 남부 지방에 고구마를 들여와 재배를 시작하였다. 이후 중국은 세계 최대의 고구마 생산국이 되었다. 고구마가 일본으로 전파된 것은 1601년으로 추정된다. 일본 류큐[지금의 오키나와]에서 명나라 사신으로 간 노쿠니 쇼칸이 고구마를 가져와서 류큐, 규슈, 사쓰마와 가고시마, 관서 지방, 관동 지방으로 전해졌고 1715년에 고구마가 대마도로 들어오게 되었다.

1763년 조선통신사 조선 정사로서 대마도를 방문한 조엄[1719~1777]이 고구마를 목격하고 구황식물로서 고구마의 중요성을 알게 되었다. 당시에 조선은 흉년이 들어 백성들이 굶주림이 심각했기 때문에 대마도와 같은 척박한 땅에서 잘 자라면서 맛있고 영양가도 많은 고구마를 조선으로 가져가게 되었다. 조엄은 1763년 10월경에 고구마를 배에 실어 부산 영도로 보내 부산, 경남 해안, 남부의 도서지방, 남부의 해안 지방에서 재배함으로써 굶주린 백성들의 배고픔을 해결하는 데 큰 역할을 하였다.

고구마는 현재 연간 약 30만 톤 정도 생산되고 있는데 대부분이 쪄먹거나 구워 먹는 방법으로 소비되고 있다. 최근에는 소비자들이 건강 기능성에 관심을 가지면서 황색 고구마^{호박고구마, 베타카로틴 고함량}와 자색 고구마^{안토시아닌 고함량}가 의 인기가 높아졌다. 2007년 미국 공익과학센터^{CSPI, Center for Science in the Public Interest}에서 10가지 슈퍼푸드를 선정했는데 고구마가 그 첫 번째로 선정되었다. 고구마가 최고의 건강식품으로 평가되는 이유는 항산화 물질, 식이섬유, 칼륨 등이 많이 함유되어 있기 때문이다. 항산화 물질인 비타민 C와 비타민 E, 황색 고구마의 베타카로틴, 자색 고구마의 안토시아닌이 고구마에 들어 있는 대표적인 물질이다. 특히 고구마에 있는 비타민 C는 조리를 해도 70%가 파괴되지 않는다. 고구마에는 식이섬유의 함량이 높아서 변비와 대장암 예방에 탁월한 효과가 있으며, 고구마의 전분이 혈당을 급격히 높이지 않아 당뇨 환자에게 권장되는 식품이다. 고구마에는 아마이드라는 식이섬유가 장의 발효를 촉진하므로 방귀가 더 잘 나오게 된다.

고구마를 먹을 때 소화 효소가 풍부한 김치나 물김치와 같은 발효식품과 함께 먹으면 전분 분해가 촉진되어 소화를 돕고 방귀를 줄일 수 있다. 또한 고구마의 보라색 껍질에는 안토시아닌과 전분을 분해하는 효소와 혈관을 튼튼히 하고 노화를 억제하는 플라보노이드 성분이 함유되어 있으므로 껍질도 함께 먹는 것이 좋다.

우리가 몰랐던 슈퍼푸드

아보카도

멕시칸 음식점에 가면 많은 메뉴 중에 우리 입맛에 잘 맞는 음식으로는 구아카몰레guacamole, 지역마다 용어가 조금씩 다르다가 있다. 잘 익은 아보카도를 여러 개로 조각내어 소금, 레몬, 바질 그리고 따로 준비한 매운 멕시코 고추인 할라페뇨jalapeno, 숯불에 충분히 구워 탄 껍질을 벗겨내면 숯불 향이 밴 고추 내피를 얻음와 기타 향신료 등을 손절구에 넣고 잘게 빻은 후, 적당한 크기로 자른 토마토를 섞어 옥수수 칩을 찍어 먹으면 참 맛있다. 해외를 여행하면서 매콤한 음식을 먹고 싶을 때는 우리나라 사람들의 입맛에도 잘 맞는 구아카몰레를 먹으면 아주 좋다.

아보카도는 멕시코 중동부 지역의 푸에블라Puebla주가 원산지로 알려져 있으며, 오래전에 북미의 캘리포니아까지 확산되어 재배되고 있다. 지금의 아보카도와 비슷한 형태가 오래전 잉카제국 이전에 존재했던 치무왕국의 수도였던 찬찬Chan Chan시에서도 발견되었다고 한다. 아보카도는 외국의 배pear와 형태가 비슷하여 아보카도 배avocado pear, 또는 거친 표피가 악어의 가죽과 유사하여 앨리게이터 배alligator pear로 불리기도 한다. 인도에서는 버터 과일butter fruit, 베트남에서도 버터와 같은 의미인 보bo, 중국에서도 버터 과일이란 의미의 뉴유궈牛油果로 불리고 있다. 아보카도의 최초 기록은 1519년 마틴 페르난데즈 드 엔시소1470~1528, 스페인 출신의 항해사 겸 탐험가가 신세계에 대해 기록한 책에 나와 있고, 지금의 'avocado'라는 단어를 쓴 영문 기록은 한스 슬로안1660~1753, 아일랜드 출신의 물리학자이 1696년에 800여 개의 새로운 종의 식물을 정리하여 발표한 것에 남아 있다. 그는 아보카도를 자메이카 식물이라고 표시했다. 이후 아보카도는 1750년에 인도네시아를 거쳐, 1809년에 브라질, 그리고 19세기 후반에는 호주와 남아프리카 등지로 퍼져 나갔다.

아보카도는 식품학적으로도 매우 중요한 과일이자 건강에 도움이 되는 슈퍼푸드로 알려져 있다. 일반적으로 과일은 주로 과당과 탄수화물로 구성되어 있지만 아보카도는 단맛을 주는 단당이 거의 없고 의외로 높은 단백질 함유량과 우수한 지방 함량을 가지고 있어 영양가가 매우 높다. 아보카도 100g당 태아의 뇌 발달을 도와주는 엽산folate이 89mg, 눈 건강에 좋은 루테인^{lutein}이 271mg, 비타민 C가 8.8mg이나 함유되어 있고, 또한 각종 비타민이 고루 들어 있다. 지방 함량이 약 15%로 상당히 높고 '숲속의 버터'라는 별명이 붙을 정도로 고소한 맛을 가지고 있어 샐러드 등과 함께 먹으면 식용유를 넣지 않아도 되기 때문에 채소와 같이 먹기도 한다. 특히 구아카몰레 등을 만들 때 레몬을 같이 넣는데, 아보카도에 들어 있는 비타민 E, B군과 레몬에 들어 있는 비타민 C가 노화 방지를 하는 데에 시너지 효과가 있어 매우 좋다. 또한 아보카도는 당분 함량이 낮고, 칼로리는 100g당 160kcal로 높은 편이지만 주로 우수한 지방에서 나오는 칼로리이기 때문에 비만을 걱정할 정도는 아니다. 또한 식이섬유가 100g당 7g 정도로 우수한 함량을 자랑하기 때문에 다이어트에도 효과가 있는 저탄수화물 식품으로 알려져 있다. 아보카도에서 추출한 지방은 피부 침투가 우수해서 피부를 개선하는 크림과 마사지 오일로 인기가 좋고, 아보카도의 씨앗은 설사를 멈추게 하는 효과가 있다.

아보카도를 활용한 요리 중 인기 있는 것은 단연 아보카도 샐러드인데 특별한 조리과정 없이 각종 신선한 새우, 빵, 각종 채소 재료를 섞어서 샐러드 형태로 먹는다. 그리고 아보카도 달걀구이가 있는데 아보카도의 씨앗을 제거하고 달걀을 넣어 오븐에 구워 주면 간단하면서도 맛있는 간식이 된다. 아보카도 카나페는 절단한 토마토 위에 아보카도를 놓고 각종 허브와 견과류를 올리면 와인에 곁들일 안주나 간식으로 잘 어울린다. 아보카도 토스트는 빵에 아보카도 과육을 으깬 페이스트를 올려 함께 먹으면 고소한 풍미가 일품이다. 우리나라에서는 아보카도 과육을 적당한 크기로 자른 후 조리 과정 없이 바로 비빔밥의 소재로 사용하기도 하는데 밥, 달걀, 김 등과 함께 섞어 비벼서 먹으면 맛이 좋다.

아보카도가 전 세계적으로 큰 인기를 얻으면서 멕시코 등지에서 아보카도를 생산하기 위해 숲의 나무를 베어내고 농지로 개간하기까지에 이르러 환경파괴 등이 문제로 지적되고 있다.

클레오파트라가 사랑한 과일

포도

무더운 여름철이 다가오면 포도가 제철이다. 포도는 생식용과 적포도 주용 그리고 백포도주용으로 나누어진다. 우리나라 사람들이 즐겨 먹는 포도는 당 함량이 13~15%인 캠벨얼리와 거봉이 대부분이다. 미국 캘리포니아 지역에서는 여름이 되면 건포도용 포도를 일부 수확하여 시중에서 식용으로 파는데 당도가 20%에 달해서 맛을 보면 무척이나 단맛에 깜짝 놀라게 된다. 전 세계 포도의 생산량은 대략 7천만 톤으로 과일류 중 네 번째로 높으며 생산지가 전 세계에 고르게 분포되어 있다. 겨울철에 우리가 먹는 생과일인 포도는 주로 남미의 칠레에서 수입한 것이다.

포도는 B.C. 6천 년 전 터키 북부와 조지아 지역에서 처음 재배되었는데, B.C. 3천 년 전 이집트에서도 재배되었고, B.C. 168년 로마가 그리스를 정복하면서 로마와 전 유럽으로 빠르게 확산되었다. B.C. 2세기경 한나라 무제[B.C. 156~87] 때의 인물인 장건[張騫, ? - B.C. 114]이 실크로드를 개척하는 과정에서 자연스럽게 유럽산 포도가 중국에 유입이 되었다. 원나라 때 원의 황제가 고려 충렬왕에게 포도주를 하사했다는 기록이 있다. 포도는 이란어로 '부다우[Budaw]'인데 중국에서 음역하여 포도[葡萄]로 불리게 되었다.

포도는 당[糖]과 수분이 많아 피로 해소에 좋고 피부 미용 등에 효과가 있어서 미인들이 즐겨 먹던 과일이다. 이집트의 여왕인 클레오파트라가 즐겨 먹는 과일이 포도임이 여러 고증을 통해 밝혀진 바 있으며, 우리나라의 슈퍼모델이나 유명한 배우들이 포도를 먹으며 몸 관리를 했다고 하여 화제가 되기도 했다. 포도의 주당[主糖]은 포도당[glucose]과 과당[fructose]인데 포도당은 포도에 주로 있다고 해서 포도당이라고 불리게 되었다. 포도당은 사람의 신진대사에 직접 사용되기 때문에 피로 해소에 매우 효과적이다. 포도에 들어 있는 주된 산은 주석산[tartaric acid]이며, 그 외에 호박산[succinic acid], 사과산[malic acid], 구연산[citric acid]이 있다. 무기질로는 인, 유황, 칼슘, 철, 마그네슘 등의 함량이 높다. 특히 적포도에는 신체 대사 조절에 관여하는 비타민 B_1과 B_2가 많이 들어 있다.

또한 포도에는 떫은 맛을 내는 탄닌이 있는데 탄닌은 강력한 항산화 물질인 폴리페놀의 일종으로 해독과 항산화 등의 기능을 가지고 있다.

1991년 11월 어느 일요일 저녁 에드워드 돌닉 기자는 미국 CBS 방송에서 프랑스 사람들이 다량의 고지방과 고콜레스테롤이 함유된 치즈, 버터, 달걀, 고기 등을 평생 먹어도 건강식을 하는 미국인보다 심장 질환에 걸릴 확률이 낮은데, 그 원인은 프랑스 사람들이 음식과 함께 레드와인을 마시기 때문일 것이라고 보도했다. 프랑스인들의 역설, 즉 프렌치 패러독스의 시작이다. 붉은 색깔을 내는 포도 껍질과 텁텁한 맛을 내는 포도 씨에는 다량의 항산화 물질인 페놀화합물이 들어 있다. 특히 포도에 함유된 폴리페놀의 일종인 레스베라트롤resveratrol은 항산화, 항암, 항염증 작용을 하며 콜레스테롤을 낮춰 심혈관 질환을 예방하는 효능이 있어 프렌치 패러독스에 직접적으로 기여한 물질이다.

포도는 생과生果 시장도 매우 크지만, 다양한 가공제품 시장도 상당히 크다. 그 대표가 와인인데 와인은 대략 B.C. 4,000년 전부터 마시기 시작한 것으로 추정되며, 기록상으로는 약 B.C. 1,000년 전 이집트에서 마셨다는 기록이 최초이다. 구약성서 창세기에 노아의 방주 시대B.C. 2,800년 전 때 포도주를 마셨다는 기록이 있고, 바빌로니아의 함무라비 법전B.C. 1,750년 전에도 포도주에 대한 기록이 존재한다. 또 로마 시대의 사람들은 시어버린 와인와인식초의 원조인 포스카posca를 즐겨 마셨다고 한다. 그리고 유명한 와인식초인 발사믹balsamic이 있는데 발사믹은 '향기가 좋다'는 의미로써 이탈리아의 모데나Modena와 레조 에밀리아Reggio Emilia 지방에서 생산되는 식초를 말한다. 발사막은 다섯 종류의 나무^{떡갈나무, 호두나무, 체리 나무, 물푸레나무, 뽕나무}로 만들어진 나무 통에 식초를 넣어 최소 3년 이상 숙성시킨 것으로 나무의 색소가 식초에 스며들어 검게 변하게 된다. 그 외에 포도 씨만을 모아 기름을 착즙하면 식용으로 사용할 수 있는 포도씨기름이 만들어지는데, 포도씨기름은 발 연점이 높아 각종 튀김에 적합한 식용유이다. 또한 포도를 착즙하여 만든 포도주스는 미국의 웰치스사의 대표 가공품으로서 연 5억 달러 이상의 매출을 올리고 있다고 한다. 그 외에도 포도잼, 포도 통조림 등의 포도 가 공품이 있다.

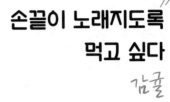

손끝이 노래지도록
먹고 싶다

감귤

겨울철 12월과 1월이 되면 제주도 전체가 잘 익어서 누런 황금빛을 띤 감귤柑橘에 둘러싸이고 본격적으로 감귤을 수확하기 시작한다. 감귤나무는 향이 강한 꽃이 피는 나무이면서 과즙이 많은 과일을 생산하는 과수로서 감귤은 귤橘, 밀감蜜柑, 꿀맛이 나는 나무 과일, 오렌지 등으로 불리고 있다.

우리가 흔하게 먹는 귤은 제주도에서 재배하는 온주 밀감으로, 원산지는 중국이다. 조선말 1911년, 프랑스 신부 엄탁가Esmile Taque가 일본에서 개량된 온주 밀감 15그루를 제주로 들여와 심은 것이 효시이며, 현재 국내 재배의 90% 이상을 차지하고 있다. 온주 밀감은 당도가 12브릭스, 산도가 1% 내외로 많이 달지도 시지도 않지만 과피가 얇고 잘 벗겨져서 먹기가 매우 편리하다. 현재는 온주 밀감과 다른 감귤류와의 교잡을 통해 맛과 향이 뛰어난 한라봉, 천혜향, 레드향 등 새로운 품종을 만들어 생산하고 있다. 그중 한라봉은 당도가 온주 밀감보다 높으면서 향이 좋은데 튀어나온 꼭지가 한라산의 봉우리를 닮았다고 해서 한라봉이라 불린다. 레드향은 껍질 색이 유난히 붉어서 레드향으로 불리는데 과피가 잘 벗겨지고 당도도 한라봉과 비슷하다. 또 천혜향은 '향이 천 리를 간다' 또는 '천 가지 향이 난다'는 뜻으로 천혜향으로 불리며 맛과 향이 매우 뛰어나다. 그 외에도 여왕의 품위가 있다는 뜻으로 이름 붙여진 황금향은 과육이 통통하면서 신맛이 적고 천혜향과는 좀 다른 독특한 향이 있다.

감귤의 야생종은 인도, 중국 중남부와 인도차이나반도에 걸쳐 있으며 중국을 거쳐 자연교잡이나 돌연변이에 의해 다양화되면서 점차 전 세계로 분포되었다. 감귤류는 우리나라에 삼한시대 이전에 들어와 제주도에서 재배된 것으로 보이는데, 첫 기록은 712년에 편찬된 일본 역사서《고사기古事記》일본에서 가장 오래된 역사책와 720년에 완성된《일본서기日本書紀》일본 최초의 정사에서 찾을 수 있으며, 조선시대에 정인지가 1449년에 편찬을 시작해서 1451년에 완성한《고려사高麗史》에 백제 문무왕 2년476년에 탐라제주에서 감귤이 헌상되었다는 내용이 실려 있다. 오렌지는 원산지인 인도에서 포르투갈로 전파된 것은 발렌시아오렌지가 되었고, 브라질에 전파된 것은 아메리카대륙으로 퍼져나가 네이블오렌지현재 우리가 미국에서 수입해서 먹고 있는 오렌지가 되었다. 일본은 나라와 헤이안 시대 초기에 중국에서 감귤을 도입하였고 본격적인 재배가 이루어진 것은 메이지유신 이후로 알려져 있다.

감귤은 2016년 기준으로 64만 톤이 생산되었고, 1인당 감귤 소비량이 12.4kg으로 과수 소비량 1위[2위는 11.2kg의 사과, 3위는 5.8kg의 포도]를 차지할 정도로 우리나라 사람들의 많은 사랑을 받고 있다. 현재 감귤에 대한 전문적인 연구는 제주도 서귀포시에 있는 감귤연구소에서 주도적으로 하고 있다. 감귤은 각종 비타민과 무기질, 식이섬유가 많이 함유되어 있어 건강 증진과 질병 예방에 탁월한 효과가 있다. 감귤에는 비타민 A의 전구물질인 베타카로틴이 57~365ug/100g으로 사과의 5배 이상, 복숭아의 20배 이상 많이 들어 있고, 비타민 C는 29~62ug/100g으로 단감의 2배, 사과의 20배, 배의 10배 이상 많이 들어 있다. 감귤의 주산인 구연산[citric acid]은 피로물질인 젖산을 분해하여 피로를 해소하고 신진대사를 활발하게 해 독소나 노폐물을 배출시킨다. 감귤 껍질 안쪽에 있는 흰색의 속껍질에는 식이섬유인 펙틴이 다량 함유되어 있어 장[腸] 건강에 아주 좋다. 더욱이 감귤류에는 항암, 항비만 활성이 뛰어난 플라보노이드 60여 종[나리루틴, 나린진, 헤스펠딘, 나리제닌 등]이 함유되어 있는데 특히 쓴맛을 내는 나린진은 지방 대사 개선과 유방암 세포 증식 억제에 효과가 좋은 것으로 알려져 있다.

감귤은 아주 매혹적인 약용식물이기도 하다. 한방에서는 위장 장애, 천식, 가래 등에 귤을 이용했는데 귤피[귤껍질]는 기가 뭉친 것을 치료하며 소화를 돕고, 귤육^{귤의 속살}은 소갈증을 멎게 하고 소화를 잘 시키며, 귤핵^{귤 씨}은 요통, 방광기, 신장을 치료하며, 청귤피^{선귤 껍질}는 소화불량과 가슴에 막힌 기를 치료한다고 한다. 감귤은 다양한 가공품이 있는데 감귤을 얇게 잘라서 동결 건조한 뒤 바삭한 과자처럼 만들어 그 위에 초콜릿을 얹어 만든 감귤 초콜릿과 감귤을 건조시켜 분말로 만든 후 반죽에 포함하거나 필링으로 포함해 만든 가공품^{귤공방이나 제키스}, 그리고 감귤 껍질을 건조하여 과립으로 만든 비타민 C가 풍부한 감귤 비타민이 있다. 그 외에 감귤 와인, 풋귤 음료, 감귤 바이오겔 화장품 등도 있다. 음료로는《증보산림경제》에 나오는 감귤차가 있는데, 귤홍^{귤껍질 안쪽의 흰 부분을 긁어낸 후 남은 얇은 귤껍질}과 생강, 작설을 넣어 달인 후 꿀을 넣어 만든다. 감기 발한이나 소화 촉진에 효과가 있다고 한다. 그 외에 감귤 식혜와 감귤 화채 등이 있다.

당신이 아는 바로 그 밥도둑

꽃게

10월 말 찬 바람이 불면 서해안 인천 서래포구, 서천 홍원항, 군산 포구 등지에 살이 실한 맛있는 꽃게가 잡히기 시작한다. 꽃게는 다른 대형 게보다 작고 볼품이 없지만 살이 달고 게장으로 만들면 아주 고소해서 한번 먹으면 금방 꽃게에 빠져들게 된다.

정약전의 《자산어보》에서는 꽃게를 시해矢蟹, 화살 형태의 게라고 하였는데, "뒷다리 끝이 넓어서 부채 같다. 대체로 게는 모두 잘 달리나 헤엄은 치지 못하는데 이 게만은 부채 같은 다리로 물속에서 헤엄칠 수 있다"고 하였다. 실제로 꽃게는 아주 수영을 잘한다. 미국에도 우리나라의 꽃게와 거의 비슷하게 생긴 게가 있는데, 미국 동남부조지아, 사우스케롤라이나, 버지니아 등에서 잡히는 파란 게$^{Blue Crab}$가 그것이다. 미국 사람들은 블루크랩을 '아름다운 수영 선수$^{Beautiful Swimmer}$'라고 칭한다.《조선어사전^{朝鮮語辭典}》^{1938}에서는 지금의 꽃게를 곳게라고 하였고, 조선 후기의 학자 이익$^{1681~1763}$이 쓴《성호사설^{星湖僿說}》에도 "게의 양 옆구리에 송곳 같은 것이 있어 곳게"라고 한다는 표현이 나온다. 곳게에서 지금의 꽃게로 변하게 된 것이다. 우리나라에는 서해와 남해에 분포되어 있지만 주로 서해에서 많이 잡힌다. 일본과 중국해역 등지에도 분포되어 있다.

꽃게는 육식동물로서 수영을 매우 잘해 수심 20~30m의 바닷가 모래에 서식하며 모래 속에 숨어 있다가 주로 밤에 작은 물고기 등을 집게발로 잡아먹는다. 겨울에는 깊은 먼바다로 이동해서 겨울잠을 자고, 봄부터 얕은 바다로 이동하여 산란을 시작한다. 꽃게의 살은 다른 종류의 게살보다 월등히 고소하고 단맛이 있어서 인기가 좋다. 꽃게는 산란기를 앞둔 알이 꽉 찬 암게가 가장 맛이 있다. 산란기가 지난 후에는 암꽃게의 살이 줄기 때문에 살이 꽉 찬 수게를 먹는 것이 더 좋다. 암꽃게와 수꽃게의 구분은 배딱지 형태로 쉽게 구분할 수 있는데, 둥근 것이 암꽃게이고 일자 형태인 것이 수꽃게이다. 꽃게의 어족 보호를 위해 7~8월은 금어기로 정해져 있으며, 금어기에는 냉동 꽃게가 유통·소비된다.

꽃게를 잡는 방법은 매우 다양한데 주로 통발이나 게 전용 그물로 잡는다. 어선 1척이 200~300개의 통발을 만조에 던졌다가 간조 전에 끌어 올려 잡는데 미끼로는 생선이나 오징어를 사용한다. 통발로 잡은 게는 전용 그물로 잡은 게에 비해서 스트레스를 덜 받기 때문에 신선도가 좋은 편이다. 미국 동남부의 바닷가에 가면 일반인들이 낚시 전용 다리^{fishing pier}에서 게를 잡는 모습을 쉽게 볼 수 있다. 작은 통발에 닭 다리나 오징어를 넣고 수심 5~10m 바다의 바닥에 놓았다가 10분 정도 후에 건져 올리면 약 3~5마리의 게가 들어 있다. 하루 동안 50~100마리의 게를 잡기도 한다.

꽃게를 먹는 방법은 매우 다양한데 싱싱한 꽃게는 그대로 찜솥에 쪄 먹거나 끓는 물에 삶아서 살을 발라 먹는 것이 가장 맛있다. 죽은 게나 냉

동 게는 된장과 고추장을 풀고 각종 채소를 넣어 찌개로 끓여 먹는 것이 좋다. 미국에서는 게를 찌거나 삶을 때 끓는 물에 약간의 맥주와 매콤한 양념 소금을 넣는다. 미국 동남부 소재의 게 전용 식당에 가면 미국인들이 삶은 게를 나무망치로 깨서 먹는 모습을 쉽게 볼 수 있다. 게를 팔 때는 부셸^{bushel, 12마리} 단위로 판다. 우리나라의 궁중이나 사대부집에서는 게살을 일일이 발라서 게살, 두부, 숙주 등을 한데 섞어 게딱지에 채운 다음 달걀을 묻혀 지진 것을 게 다리 등을 재료로 끓인 장국에 넣어 삶아 먹었다. 미국에도 비슷한 요리가 있다. 게를 삶은 후 게살만을 발라내어 약간의 부침가루를 버무린 다음 프라이팬에 손바닥만한 크기로 부쳐서 먹는 것으로 크랩 케이크^{crab cake}라고 한다. 미국 뉴요커들이 매우 즐겨 먹는 음식이다. 이런 음식들은 매우 손이 많이 가는 음식이기 때문에 가격이 아주 비싼 편이다.

우리나라의 대표 꽃게 음식은 밥도둑으로 알려진 간장게장이다. 손질한 꽃게에 식혀 놓은 달인 양념간장을 여러 차례 부어서 담그는 간장게장은 한국의 고유한 음식이다. 게장을 담그려면 꼭 살아있는 게를 써야 한다. 《규합총서》, 《주방문》, 《시의전서》, 《산림경제》에 쇠고기를 넣어 둔 항아리에 살아있는 게를 넣고, 게가 쇠고기를 먹어치우면 간장을 부어 게장을 담갔다는 기록이 있어 한국에서 게장을 먹기 시작한 때를 지금으로부터 500년 전 즈음으로 추측하고 있다.

꽃게를 삶거나 구웠을 때 껍질이 빨갛게 변하는 이유는 꽃게에 카로티노이드 색소인 아스타잔틴^{astaxanthin}이 함유되어 있기 때문인데, 단백질과 결합하고 있던 아스타잔틴은 가열하면 단백질과 분리되면서 본래의 붉은 색을 나타내게 된다. 아스타잔틴은 항노화에 효과가 좋고 특히 항산화 능력이 뛰어나서 비타민 C보다 6,000배 이상, 코엔자임Q_{10}보다 800배 이상의 효능이 있다고 하며, 망막의 혈류 개선에 도움을 주어 눈의 피로를 개선해주는 효과도 있다. 또한 혈중 콜레스테롤을 낮춰주는 타우린뿐만 아니라 각종 비타민류도 다양하게 들어 있다. 하지만 꽃게에는 콜레스테롤이 많이 들어 있어 고지혈 환자들은 조심해서 먹어야 할 필요가 있다.

샐러드도 좋고, 탕은 더 좋고

홍게

12월이 되면 동해안에 본격적인 홍게 철이 시작된다. 동해안 구룡포를 시작으로 북쪽의 고성까지 게 전문요리점에서 홍게 찌는 냄새가 온 거리에 퍼진다. 특히 속초의 장사항에는 홍게만을 전문적으로 파는 홍게 타운이 있다.

홍게를 가장 쉽고 맛있게 먹는 방법은 쪄서 먹는 것이다. 신선한 홍게를 물에 삶지 않고 찜솥을 이용하여 수증기로 찌는 방법으로 고온에서 단시간 찌면 홍게 특유의 탄력 있는 게살 맛을 즐길 수 있다. 홍게를 맛있게 찌려면 우선 게를 죽인 후 몸통을 눌러 소금물을 빼낸 후에 몸통에 있는 내장이 흘러내리지 않도록 배가 위쪽으로 향하게 해서 찜솥에 넣고 쪄야 한다. 그 후 게의 다리 살을 바로 먹기 좋게 손질하고, 게딱지가 뒤집힌 상태에서 분리하면 그 안에 순두부처럼 하얀 살과 고소한 내장이 들어 있다. 게 내장을 그대로 숟가락으로 퍼서 먹어도 되고 아니면 내장 부분을 분리하여 밥, 각종 채소, 김 그리고 참기름을 넣고 비빈 다음 다시 게딱지 위에 올려놓으면 보기도 좋고 맛도 매우 좋다.

홍게탕의 국물은 특유의 시원함과 감칠맛이 있다. 홍게탕을 끓일 때는 혹시 있을 수 있는 홍게의 비린 맛을 잡아주기 위해 된장을 풀어 끓이면 좋고, 게 껍데기에 있는 내장을 잘 긁어서 국물과 함께 끓이면 홍게 특유의 풍미가 더해진다. 홍게 철에 동해안에 가면 집집이 먹는 음식이 홍게 게장이다. 우선 홍게를 깨끗하게 잘 손질한 다음 저장 용기에 홍게의 배 부분을 위로 향하도록 담고 간장, 마늘, 생강, 고추, 청주 등을 넣어 만든 간장 물을 붓는다. 대략 12시간 정도 지나면 고소하고 짭조름한 홍게 게장을 먹을 수 있다. 홍게 튀김은 홍게 비린내를 제거하면서 고소하고 바삭한 느낌을 줄 수 있는 요리로 칼슘과 키틴이 풍부한 껍질을 바삭하게 즐길 수 있는 별미이다.

홍게 살 샐러드는 고급스러운 요리이다. 미국 뉴욕의 맨해튼에 가면 뉴요커들이 자주 즐기는 음식 중의 한 가지가 동남부 해안에서 잡히는 블루크랩의 살로 만든 샐러드이다. 신선한 게를 바로 삶아서 살만을 분리하여 각종 채소와 버무려 먹는데, 게살이 씹히는 맛이 좋아 매우 인기가 좋다. 속초에선 겨울철에 홍게가 대량으로 잡히면 바로 삶아서 홍게 살만을 분리한다. 분리된 살은 냉장으로 서울의 고급 호텔로 공급되고, 일부는 게 살을 통조림으로 가공하여 일본으로 수출한다. 그리고 남은 껍질은 키토산 제조공장에서 각종 용도의 키토산으로 가공된다.

홍게는 수심이 2,000m 정도로 깊고 수온이 낮은 동해에 서식하는데, 홍게의 특징은 단백질이 많고 지방이 적어 그 맛이 매우 담백하다는 것이다. 홍게의 다리에는 특히 타우린^{taurine}, 아르지닌^{arginine}, 글리신^{glycine}, 그리고 리신^{lysine}의 함량이 많다. 홍게의 내장은 지방 함량이 8%에 달하고, 그중에서 팔미틴산$^{palmitic\ acid}$과 올레인산, 그리고 구조 끝부분에서 3번째 이중 결합이 있는 오메가3 지방산인 DHA가 전체 지방산의 14%를 차지하고 있어 지방 조성이 우수하다.

DHA는 홍게의 다른 성분과 함께 동맥경화 위험을 감소시켜주고, 특히 영아나 신생아의 두뇌 발달에 긍정적으로 작용하는 것으로 알려져 있다. 특히 100g당 40mg 정도로 많이 함유되어 있는 타우린은 뇌의 교감 신경에 억제 작용을 하여 혈압을 안정적으로 유지해주며, 고령자의 뇌졸중 예방에도 도움이 된다. 또한 몸에 안 좋은 저밀도 콜레스테롤의 생성을 억제하고 몸에 좋은 고밀도 콜레스테롤의 양을 증가시켜 혈관 내에 피를 응고시키는 혈소판 응집 작용을 억제하므로 각종 혈관계 질환 예방에 효과가 있다고 한다. 또한 아르지닌은 혈액의 독소 성분인 암모니아를 요소로 배출하는 데 도움을 주고, 고암모니아혈증과 간 기능 장애에 효과가 있는 것으로 알려져 있다. 홍게 껍데기에 많이 함유된 키틴은 체내 지방 축적을 방지하고 콜레스테롤을 낮추는 작용을 하므로 다이어트에도 효과가 있다고 알려져 있다.

4장

한국의
전통
음식을
찾아서

설날에는 무엇을,
어떻게, 왜 먹을까

설날 음식

구정^{舊正, 음력설}은 우리나라의 전통적인 명절, 곧 설날이다. 설이라는 말이 언제 어디에서 유래했는지 정확하지 않지만 중국 수나라의 역사를 기록한 《수서^{隋書}》와 당나라의 역사를 기록한 《당서^{唐書}》에 있는 신라에 대한 기록에 보면 "매년 정월에 왕이 연희를 베풀고 여러 손님과 관원들이 모인다"는 내용이 있는 것으로 보아 국가 형태의 설날 관습이 있었다고 생각된다. 설날이 되면 한국에서는 설날 차례상과 세배 손님을 위한 세찬^{歲饌}을 준비하는데, 세찬에는 떡국, 술, 고기산적, 각종 전, 나물류, 과정류, 전통 음료, 햇김치 등이 있다. 설날 전에 귀한 음식을 어르신들과 아랫사람들에게 보내는데, 대표적인 것으로 쌀, 술, 생선류, 고기류, 말린 과일 등이 있다. 우리 민족은 오래전부터 하늘에 제사를 모셔왔는데, 왕가에는 종묘의 제사가 있고, 일반 사가에는 가족묘^{家族墓}가 있어 조상 제사를 지냈다. 이때 다양한 음식을 준비했다.

설날의 대표 음식은 떡국으로 꿩, 닭이나 소고기를 이용해 국물을 만들고 고명으로 소고기, 달걀지단, 파, 그리고 김을 고명으로 올려 먹는데 떡국을 먹으면 한 살을 먹는다고 생각했다. 설날에 만드는 각종 전에는 표고전, 육원전^{일명 동그랑땡}, 생선전이 있다. 표고는 예로부터 귀한 약재로 소중히 여겨졌는데, 중국에서는 "표고를 먹으면 생기와 정력이 솟아나고 감기에 잘 들고 피를 잘 순환시켜 몸을 힘차게 한다"고 한다. 표고는 대표적인 저칼로리 식품이면서 특히 비타민 B_1, B_2 그리고 항암 성분인 베타글루칸이 다량 함유되어 있다. 특히 버섯을 햇빛에 말리면 버섯에 들어 있던 에르고스테롤이 비타민 D로 바뀌면서 칼슘의 흡수를 도와 뼈를 건강하게 해준다. 물에 불린 표고의 기둥을 제거하고 두부와 소고기, 양념을 섞어 만든 소를 표고 안쪽에 넣고 달걀 물로 부쳐 내면 맛이 아주 좋다.

육원전은 다진 쇠고기와 으깬 두부를 혼합한 것에 양념을 넣은 후 둥글고 납작하게 완자를 빚어 달걀 물에 묻힌 다음 기름 두른 팬에 부쳐낸 것으로 적당한 동물성 단백질과 식물성 단백질이 균형 있게 들어 있다. 생선전을 만들 때는 주로 동태를 쓰는데, 냉동된 동태를 3~4시간 실온에 두어 온도가 −5℃ 내외가 되면 잘 드는 칼로 껍질을 벗긴 후 동태의 살을 저며서 적당한 크기로 포를 뜬다. 포를 뜬 동태 살에 밀가루를 묻히고 달걀 물을 입혀 기름을 두른 팬에 부쳐내면 동태전이 만들어진다.

설날에 쓰이는 나물은 뿌리, 줄기, 잎을 사용하는데, 뿌리는 조상, 줄기는 자손 그리고 잎은 후손을 의미한다. 조상들에게 가문의 번창을 바라는 마음으로 제사 음식에 나물을 올렸던 것이다. 설날 차례상에 올리는 대표적인 나물로는 도라지^{뿌리}, 고사리^{줄기}, 시금치^잎가 있다. 껍질을 벗긴 도라지를 적당한 크기로 썰어 소금에 절인 후 물에 헹구어 쓴맛을 제거한 다음 양념을 넣어 상에 올린다. 도라지는 사포닌 함량이 높은 뿌리 식품으로 기침, 가래를 삭여주는 등 기관지와 호흡기에 좋고, 칼슘이 다량 함유되어 골다공증 예방에 좋다. 줄기 나물인 고사리는 대표적인 저열량 식품으로 100g당 19kcal로 열량이 낮고 특히 식이섬유가 풍부하여 변비 개선에 효과가 좋다. 또한 말린 고사리에는 칼슘과 인이 풍부해서 치아와 뼈를 튼튼하게 하고 빈혈과 골다골증을 예방하는 효과가 있다. 시금치는 채소의 왕으로 불릴 정도로 영양이 풍부하여 빈혈, 소화불량 등의 치료에 사용되기도 하였다. 시금치에는 특히 비타민 A 전구체인 카로티노이드가 많이 들어 있으며, 통풍을 유발하는 요산^{尿酸}을 배출시키므로 통풍 예방에도 유효한 식품이다. 또한 시금치 뿌리에는 조혈 성분인 구리, 망간 등이 풍부하게 함유되어 있다.

산적^{散炙}은 설날 제사상에 꼭 올려야 하는 제물이다. 주로 소고기나 닭,

꿩 등을 이용한 지짐누름적, 화양적, 섭산적 등으로 만들어 올린다. 지짐누름적은 꼬치에 버섯, 도라지, 파, 소고기, 당근 순으로 꽂은 후 밀가루와 달걀 물을 묻혀 기름을 두른 팬에 지져 만든다. 화양적은 볶거나 익힌 오이, 버섯, 도라지, 고기, 달걀, 당근을 순서대로 꼬치에 꽂은 후 잣을 뿌리면 완성된다. 섭산적은 다진 고기에 각종 양념을 혼합한 다음 적당한 사각형 모양으로 만들어서 석쇠에 구워낸 것이다.

일본에서는 설날 한 해의 마지막 날 밤을 보내고 새해를 맞이하면서 먹는 면 요리를 '도시코시소바'라고 하며, 거기엔 장수를 기원하는 의미가 있다. 또한 맑은장국이나 된장국에 찰떡, 어육, 채소를 넣어 끓여 먹는 '오조니'와 찬합이나 도시락에 만들어 놓은 어묵과 소금에 절인 청어 알, 말린 새끼 멸치, 검은 콩, 다시마 말이, 우엉, 토란, 새우 등을 담아서 먹는 '오세치'가 있다. 중국에서 새해를 맞이하며 먹는 음식으로는 설날 전통 떡인 '녠가오'와 섣달그믐에 빚어 두었다가 새해가 시작되는 밤 12시가 되면 먹는 만두인 '자오쯔'가 있다.

새해의 안녕과 복을 기원하다

떡국

설날이 되면 한국에서는 절식[節食, 새해에 먹는 음식]인 떡국을 먹는다. 흰색[白]의 떡국에 붉은색[赤]의 고기, 파란색[靑]의 파, 노란색[黃]의 달걀노른자 지단, 그리고 검은색[黑]의 김을 고명으로 올려 음양오행에 맞는 색깔의 음식을 먹어왔다. 긴 가래떡은 순수[純粹]와 장수[長壽]를 의미하고, 둥글게 썬 가래떡은 둥근 해와 같다고 해서 한 해를 의미한다고 여겼다. 그래서 떡국을 먹으면 한 살을 더 먹는다는 것으로 생각했다. 떡국을 먹는 풍습은 언제부터 시작되었는지 확실치 않지만 최남선[1890~1957]이 지은 《조선상식문답[朝鮮相識問答]》에서는 "설날에 떡국을 먹는 풍속은 매우 오래되었다"고 기록하고 있으며, 《조선상식문답》에서는 "상고시대의 신년 축제 시 먹던 음복적[飮福的] 성격에서 유래되었다"고 기록하고 있다. 설날은 새로 시작되는 날이므로 엄숙하고 청결해야 한다는 원시 종교적 사상에 따라 깨끗함을 의미하는 흰떡으로 떡국을 만들어 먹은 것이다.

떡국의 국물은 주로 꿩고기로 만들었는데, 꿩을 구하기가 힘들어 대신 닭고기를 넣었다는 이야기에서 '꿩 대신 닭'이라는 속담이 유래했다는 설이 있다. 하지만 오늘날에는 예전에 귀하게 쓰이던 쇠고기로 국물을 낸다. 흰떡을 장국에 넣어 끓이다가 떡이 위로 떠 오르면 양념에 재워 구운 쇠고기, 잘게 썬 파, 달걀지단 그리고 김을 고명으로 넣어 먹는다. 1819년 순조 때 김매순[1776~1840]이 한양의 연중행사를 기록한 《열양세시기洌陽歲時記》에 의하면 "쌀을 빻아 체로 쳐서 고수레한 다음 시루에 쪄서 안반 위에 놓고 떡메로 친다. 조금씩 떼어 손으로 비벼서 둥글고 길게 문어발같이 늘이는데 이것을 골무떡이라고 한다. 떡을 엽전 모양으로 잘라 국에 넣는다. 식구대로 한 그릇씩 먹으니 이것을 떡국[병탕, 餅湯]이라 한다"라고 했다. 1849년 헌종 때 홍석모[1781~1850]가 쓴 《동국세시기東國歲時記》에는 "떡국을 차례상에 올려 제사도 지냈으며, 손님 대접을 위한 세찬[세배 온 사람에게 대접하는 음식]으로 없어서는 안 된다"라고 기록되어 있다.

떡국도 지역마다 종류가 다르다. 북한 개성에는 '조랭이떡국'이 있는데, 조랭이떡국은 개성 지방의 독특한 설음식이다. 조랭이떡은 흰 가래떡을 작은 도토리만 하게 자른 뒤 가운데를 살짝 눌러서 고치 형태로 만든

떡이다. 전통적으로 조랭이떡이 생긴 모양이 조롱박 같다고 해서 귀신을 물리치는 효과가 있다고 하기도 하고, 누에고치 같다고 해서 길운을 의미한다고도 한다. 조랭이떡국을 만들 때 쓰이는 장국과 고명은 서울에서 먹는 떡국과 비슷하다. 또, 영남에는 '굴 떡국'이 있는데, 굴 떡국은 멸치 장국을 쓰고 생굴과 두부를 넣어 만드는 향토 음식이다. 멸치 장국이 끓어오르면 우선 흰 떡을 넣고 떡이 떠오르면 두부와 생굴, 다진 마늘과 간장을 넣어 간을 맞추고 달걀지단과 가늘게 썬 김을 고명으로 얹어 먹는다. 전라도에는 '닭장 떡국'이 있는데 재래 간장에 닭을 조려서 국물 재료로 쓰기에 닭의 육수와 간장이 어우러진 맛이 일품이다.

다른 나라에도 비슷한 풍습이 존재한다. 중국의 새해 음식으로는 '녠 가오^{신년에 먹는 떡}'와 복을 준다는 '자오쯔^{만두}'가 있다. 녠가오는 중국의 새해를 기념하기 위해 먹는 전통 설 떡이다. 중국 북부에서는 찹쌀과 기장을, 상 해 등 남쪽에서는 멥쌀을 사용하여 떡을 만든 후 구워 먹거나 튀겨 먹는 데 아주 담백한 맛이 있다. 떡을 중국어로 녠가오^{年糕}라고 하는데 발음이 년고^{年高, 해마다 높이 오름}와 비슷해서 해마다 일이 잘 풀리기를 바라는 의미를 담 아 먹는다고 한다. 일본에서는 새해를 맞이하면서 먹는 음식으로 '도시코 시소바^{국수}', '오조니^{일본식 떡국}', '오세치^{장수기원음식, 조림}' 등이 있다. 오조니는 육수 에 찰떡과 채소, 어육 등을 넣어 만드는 음식으로 우리나라의 흰떡 대신 에 찰떡이 들어간다는 점이 다르다. 베트남에서는 새해에 '바인쯩^{찹쌀떡}'을 먹는다. 바인은 빵이라는 뜻이고 쯩은 물에 찐다는 뜻이다. 바인쯩은 돼지 고기와 녹두가 들어간 찹쌀떡을 바나나 잎으로 감싼 후 세 시간 이상 쪄 서 만든다. 흰 쌀은 액운과 잡기를 없애는 음식이자 새해의 안녕과 복을 기원하는 뜻을 담고 있다고 한다.

풍년 기원, 굿바이 더위와 부스럼 그리고…

대보름 음식

대보름은 신라시대 때 유래된 명절로 한자로는 상원^{上元}이라고 하며 설날에 버금갈 정도로 중요한 날이다. 달의 움직임을 기준으로 음력 설날 이후에 뜨는 첫 보름달은 매우 중요한 뜻을 가지고 있다. 그래서 추석도 보름날이다. 대보름에는 한해의 풍요로운 풍년을 염원하고 행복을 기원하는 의미에서 오곡밥이나 약밥을 먹고, 일 년 동안 더위를 이기게 해주는 묵은 나물, 부스럼이 나지 않게 해준다는 부럼, 그리고 눈이 맑아지고 귓병을 막아주는 귀밝이술 등을 먹는다.

다섯 가지 곡식^{찹쌀, 찰수수, 팥, 차조 그리고 검정콩}으로 만드는 오곡밥은 서민들의 대표적인 대보름 음식이다. 우선 찹쌀 2컵, 차조 1/4컵 그리고 찰수수와 팥, 검정콩은 1/2컵씩이 필요하다. 팥은 찬물을 부어 삶아서 그 물을 버리고, 다시 물을 부어서 잘 무를 때까지 삶는다. 찹쌀은 씻어서 팥 삶은 물에 불린다. 그리고 찜통에 면포를 깔고 수수, 팥 그리고 콩을 잘 섞은 후 소금간을 한 후에 센 불로 20분 정도 찐다. 그 후 불린 차조와 찹쌀을 섞어 다시 찜통에 20분 정도 찌면 완성이 된다. 밥을 그릇에 담을 때 밥알이 으깨지지 않도록 하는 것이 중요하다.

다섯 가지 곡식에는 각각 특징이 있는데 우선 찹쌀에는 식이섬유가 많아 대장 기능을 활성시켜 변비를 막아주고 혈중 콜레스테롤을 낮춰준다. 그리고 찹쌀에는 비타민 D와 비타민 E가 백미보다 많이 들어 있어 뼈 건강과 노화 방지에 효과가 있다. 수수에는 탄닌과 페놀 성분이 들어 있어 항산화, 혈전 억제 등에 효과가 있는 것으로 알려져 있다. 팥에는 사포닌 성분이 많이 들어 있어 해독과 이뇨 작용을 한다. 특히 팥에는 비타민 B_1이 풍부하여 기억력 감퇴에 효과가 좋다. 차조는 백미에 부족한 식이섬유, 칼슘, 비타민 B_1, 비타민 B_2 그리고 각종 미네랄이 풍부하다. 그리고 검정콩에는 식물성 단백질이 풍부하며 특히 검은색 껍질에는 안토시아닌 성분이 다량으로 함유되어 있다.

약밥은 사대부집에서 먹던 대보름 음식으로 서민들이 구하기 힘든 잣, 대추 그리고 밤 등이 들어간다. 우선 찹쌀을 씻어 물에 불린 후 찜통에 면포를 깔고 1시간 동안 찐다. 그 후 씨를 빼고 채를 썬 대추를 조려서 대추

고를 만든다. 그리고 찐 찹쌀에 대추고, 대추, 밤, 흑탕, 계핏가루, 소금 등을 섞어서 다시 1시간 정도 찌면 완성된다.

묵은 나물은 계절마다 산과 들에서 나오는 다양한 나물을 삶아서 말려 두었다가 해를 지나 먹는 나물이다. 예전에는 겨울철에 신선한 채소를 구할 수가 없었기 때문에 말려두었던 나물을 물에 불려서 이용하였다. 묵은 나물은 채소의 식이섬유, 철분, 각종 비타민 등을 섭취할 수 있는 선조들의 지혜가 담긴 음식이다. 대표적인 묵은 나물로는 고사리, 시래기, 취나물, 곰치, 호박고지, 가지, 고구마순, 고춧잎, 질경이, 곤드레, 버섯 등이 있다.

고사리나물은 다음과 같은 방법으로 만든다. 우선 고사리를 쌀뜨물에 담갔다가 삶은 후 다시 찬물에 담가 1시간 동안 우려서 아린 맛을 없앤다. 그리고 팬에다 들기름을 넣고 달달 볶다가 양념을 넣어 간을 한 후 따로 볶아 둔 소고기를 섞고 육수를 부어 뜸을 들이면 맛있는 고사리나물이 완성된다. 된장 시래기나물은 먼저 삶은 무청 시래기의 겉껍질을 벗겨 손질한 후 먹기 좋은 크기로 자른다. 그 후 물기를 뺀 나물에 된장, 마늘, 들기름 등을 넣어 조물조물 무친 후 냄비에 넣고 볶다가 멸치와 쌀뜨물을 넣어 조린다. 그 후 대파와 들깻가루를 넣고 버무려 마무리하면 된다. 취나물은 삶은 취에 간장, 들기름 등 양념을 넣고 무친 후 달군 팬에 넣고 볶는다. 그 후 육수를 붓고 뜸을 들인 후 참기름과 깨소금을 뿌려서 완성한다.

부럼에 사용되는 견과류로 대표적인 것은 호두, 땅콩, 잣 그리고 은행이 있다. 호두는 지방이 65%로 매우 높은데, 특히 혈관의 탄력성을 증가시켜주는 오메가3 지방산이 연어보다 대략 3배 정도 많이 들어 있다. 그 외에도 각종 무기질과 비타민 B_1이 많이 들어 있어 매일 호두를 먹으면 피부가 매우 좋아진다. 땅콩과 잣도 우리 몸에 좋은 불포화지방산 함량이 매우 높은 음식이다. 은행은 거담작용을 해서 기침과 천식에 좋고 혈액순환을 원활하게 해준다.

《자산어보》가 말하는
홍어를 찾아서

홍어

영남 포항 부근의 대표 음식이 과메기와 문어라면 호남을 대표하는 향토 음식에는 홍어가 있다. 홍어는 남도의 대표적인 잔치 음식으로 신선한 홍어와 삭힌 홍어가 있다. 신선한 홍어는 보통 고추장에 무쳐 먹거나 비빔냉면에 고명으로 홍어회를 곁들여 회냉면으로 먹는다. 목포 또는 나주 영산포에서 유래했다고 하는 삭힌 홍어는 다양한 형태로 먹을 수 있다. 특히 옛 영산포구가 있던 자리에 가면 홍어 거리가 있어 삭힌 홍어 냄새가 거리에 넘치고, 홍어 전문요리점에서 각종 홍어 요리, 홍어탕, 홍어애탕, 홍어전, 홍어찜, 홍어 조림 그리고 홍어회 등을 판매하고 있다.

삭힌 홍어를 처음 먹으면 깜짝 놀라게 되는데, 입천장이 벗겨질 정도의 고약한 향 때문이다. 그 특유의 향은 홍어를 삭히는 과정에서 생기는 암모니아, 요소^{urea}, 트리메틸아민산 등에 의한 것이다. 하지만 먹다 보면 중독성이 생겨 계속 찾게 된다. 삭힌 홍어는 저지방, 고단백 알칼리 식품으로 영양학적 측면에서도 아주 훌륭한 음식이다. 홍어찜은 개인 취향에 따라 삭힌 정도를 조절하여 조리하면 더욱 맛이 좋아진다. 홍어 조림은 살짝 찐 홍어에 각종 양념을 넣어 졸인 것으로 칼슘과 콘드로이틴이 많이 함유되어 있으며, 홍어 뼈 자체가 매우 연해서 노인들이나 어린이들도 홍어 뼈를 쉽게 씹어서 섭취할 수 있다. 이는 칼슘 보충에 큰 도움이 된다. 홍어포는 신선한 홍어를 잘 건조하여 홍어채로 잘게 찢어놓은 것으로 술 안주나 간식거리로 많이 이용된다.

홍어에 관한 기록은 《자산어보》에서 찾아볼 수 있다. 《자산어보》 속 홍어에 관한 기록을 살펴보면 홍어의 생김새, 서식 지역, 낚는 방법, 그리고 조리 방법$^{홍어회, 홍어구이, 홍엇국, 홍어포 등}$과 그 효능에 관해 기술하고 있다. 홍어는 입춘 전에 잡힌 것이 살이 많고 맛이 좋으며, 홍어를 국으로 끓여 먹으면 배에 병^{복결병}이 있는 사람에게 효과가 있고, 술의 해독에도 효과가 있다는 내용이 기록되어 있다. 또한 "나주고을 사람들이 홍어를 삭혀 즐겨 먹는다"고 밝히고 있어 당시 숙성 홍어가 나주 중심으로 광범위하게 섭취되었다는 사실을 알 수 있다.

서양 사람들은 홍어나 홍어와 비슷한 가오리를 어떻게 생각할까? 서양 사람들은 홍어나 가오리를 일절 먹지 않고, 혹시 그물에 걸리거나 낚시 중에 잡게 되면 바로 버렸다. 그리고 홍어나 가오리를 스케이트^{skate} 또는 악마의 고기^{devil fish}라고 불렀는데, 그 이유는 홍어와 가오리를 뒤집어보면 사람의 얼굴과 비슷하고, 가오리가 내는 소리 또한 사람의 소리와 비슷해서 두려움을 불러일으키기 때문이라고 한다. 서양 사람들은 대부분의 한국 음식들을 먹을 수 있지만, 혐오하는 음식 중 일등으로 삭힌 홍어를 꼽기 때문에 서양 사람들을 한국에 초청해 음식을 대접할 때에는 홍어는 제외하는 것이 현명하다.

보통 생선이 죽게 되면 근육이 수축하여 딱딱해지는 사후강직 현상이 일어나는데, 생선 종류에 따라 조금씩 다르지만 대략 12시간 정도가 지나면 최고로 강해져서 회로 먹을 때 가장 쫄깃한 식감을 느끼게 된다. 일반 생선은 냉장이나 냉동을 하지 않으면 쉽게 썩어서 먹을 수 없게 되지만 홍어는 냉동을 하지 않아도 오래 두고 먹을 수 있는 독특한 생선이다. 홍어의 주산지인 흑산도 해역에서는 주로 홍어를 신선한 홍어회를 먹거나, 수확기에 많이 잡힌 홍어는 말려서 두고두고 먹는다. 말린 홍어는 물에 하루 정도 불려서 홍어탕이나 각종 채소류를 양념과 섞어 고명으로 올린 홍어찜을 만들어 먹으면 좋다.

홍어는 왜 냉동을 하지 않아도 오래 두고 먹을 수 있을까? 흑산도 지역에서 잡은 홍어는 당시 최대의 시장이었던 나주 지역의 영산포로 가져와서 팔았다. 다행히 순풍인 경우에는 바로 영산포로 올 수 있지만, 역풍이 불면 온종일이 걸렸는데 특히 여름철에는 높은 온도로 인해 흑산도에서 잡은 대부분의 생선이 부패되어 영산포에서 폐기해야 하는 경우가 많았다. 하지만 다른 생선과는 달리 홍어는 냄새는 심하더라도 먹을 수 있다는 사실을 알게 되었다. 대체로 일반 생선이 죽으면 살이 물러지면서 대량의 부패 미생물이 번식하게 되어 각종 독성 물질과 휘발성 물질 생성되면서 지독한 냄새가 발생하게 된다. 홍어는 죽으면 홍어에 들어 있는 요소가 분해되면서 암모니아가 대량 생산되고, 홍어 살의 pH가 10 정도 오르면서 알칼리성으로 바뀌게 된다. 더구나 요소가 분해되면서 생성된 암모니아가 홍어에 있는 대부분의 부패세균을 죽여 더 이상 홍어의 살이 물러지지 않도록 해준다. 요소 분해에 의한 암모니아의 질소 생성은 세균의 작용이 아니라 홍어 자체의 자가소화효소에 의한 것이기 때문에 인체에 유해한 독성 물질이 생성되지 않는다. 그리고 홍어가 숙성되면서 수분이 일부 증발되면 살이 더 단단해지면서 독특한 식감이 생겨난다.

홍어에는 요소, 암모니아 외에도 질소화합물인 베타인[betain]이 일부 함유되어 있다. 아미노산 중 하나로 감칠맛을 내는 원천으로도 알려져 있는 베타인은 새우, 문어, 어패류 등 수산물에 많이 포함되어 있으며 항균, 항염, 이뇨, 강장 작용 등을 하므로 건강에 좋다. 또한 베타인은 풍미가 좋고, 성장 촉진, 지방 대사 그리고 간 기능 강화에도 좋은 물질이다. 홍어는 열량과 지방이 적어 다이어트에 도움을 주며 특히 홍어의 연골은 관절염에 효과가 좋은 콘드로이틴이 많이 들어 있다. 홍어는 연골의 주성분인 칼슘이 홍어 100g당 630mg의 높은 함유량을 가지고 있으며 그 외에도 비타민 E와 비타민 B_6, 철분, 엽산, 칼륨이 함유되어 있다. 특히 홍탁이라 하여 막걸리 안주로 홍어를 많이 먹는데, 홍어는 찬 성질을, 막걸리는 따뜻한 성질을 가지고 있어 상호 보완이 된다. 막걸리의 발효 중에 생성되는 성분이 홍어의 소화를 돕기 때문에 음식 궁합이 매우 잘 맞는다.

제철 나물을 쓱쓱 비비는 맛

비빔밥

2018년 2월 청와대가 미국 백악관 선임고문인 이방카 트럼프와의 만찬에서 비빔밥을 내놓아 화제가 된 적이 있다. 당일 도정한 김포 쌀과 제철 나물, 콩나물국이 제공되었는데, 청와대는 비빔밥의 의미를 '각종 재료를 골고루 섞어 먹는 음식'으로 설명하며, "한국과 미국의 화합을 상징한다"고 말했다. 오늘날 한류인 K-POP^{한국 음악}과 K-Food^{한국 음식}는 전 세계 사람들의 사랑을 받고 있다. K-Food의 대표주자는 당연히 비빔밥과 불고기이다. 비빔밥은 전 세계 유명인들이 찬사를 보내는 음식으로 국내외의 항공사에서 기내식으로 제공하고 있을 만큼 인기가 좋다. 모 항공사에서는 비빔밥을 제공하여 1997년에 기내식 최고의 상인 '머큐리상'을 받기도 했다.

비빔밥의 유래는 여러 가지 학설이 있는데, 제사를 지내고 나서 손님들과 함께 제물로 올린 음식을 고루 섞어 비벼 먹던 오래된 풍습에서 비롯되었다는 설이 유력하다고 생각된다. 비빔밥은 1800년대 말에 조선 후기의 전통 음식을 분류하여 정리한 저자 미상의 책《시의전서是議全書》에 처음 등장하는데 한자로 '골동반骨董飯' 그리고 한글로는 '부븸밥'으로 기록되어 있다. 부븸밥이 부르기 쉬운 비빔밥으로 바뀌게 된 것이다. 골동은 '뒤섞는다'는 뜻이고 반은 '밥'을 가리키는 말이다.《시의전서》에서는 비빔밥 만드는 방법을 "밥을 정히 짓고 고기를 재워 볶고 각종 채소를 볶아 놓고

다시마로 튀각을 튀겨서 부숴 놓는다. 위에는 깨소금, 기름을 많이 넣어 비벼서 그릇에 담는다"라고 기록하고 있다. 조선시대의 문헌에 골동반이 란 단어는 여러 차례 나오는데 이학규[1770~1835]가 지은 《낙하생집洛下生集》에 '골동반 한 그릇과 같은 가격이 600전에 이른다'고 기록되어있고, 조선 인 조 때 박동량[1569~1635]이 지은 《기재잡기寄齋雜記》와 이덕무[1741~1793]가 1795년 에 저술한 《청장관전서靑莊館全書》에서 비빔밥을 제사 후 음복례로 먹었다는 기록으로 보아 특별한 날에 먹던 귀한 음식이었음을 알 수 있다.

비빔밥의 재료로는 제철에 나는 나물을 세 가지 이상 골라서 사용했 다. 푸른색 나물로는 시금치, 쑥갓, 미나리, 애호박 등이 있고, 흰색 나물로 는 무채, 도라지, 숙주 등이 있다. 갈색 나물로는 고사리, 표고버섯 등을 먹 기 좋게 썰어 볶거나 데쳐서 사용한다. 달걀은 지단으로 부쳐 채를 썰어 넣거나, 달걀 프라이를 해서 통째로 넣기도 한다. 쇠고기는 채를 썰어 양 념한 후 볶아서 넣거나 육회로 준비한다. 밥은 약간 되게 지은 후 밥에 각 종 나물을 얹고 참기름과 고추장을 적당량 넣어 기호에 맞게 비벼 먹으면 된다. 비빔밥은 여러 영양소를 동시에 골고루 섭취할 수 있다는 점이 큰 장점이다. 비빔밥에 들어가는 쇠고기, 달걀 등에는 단백질이, 참기름 등에 는 지방이, 각종 나물에는 비타민, 무기질, 식이섬유가 들어 있어 다른 요 리보다도 영양이 높다. 비빔밥에 들어가는 각종 나물에는 비타민과 식이 섬유가 풍부해서 각종 성인병과 변비를 예방하는 데 탁월하다. 특히 각종 나물류에 들어 있는 다양한 폴리페놀, 플라보노이드 물질은 노화를 방지하고 면역을 증강시키며, 고추장에 들어 있는 캡사이신은 스트레스를 해소하고 노화를 방지하는 효과가 있다.

우리나라에는 지역별로 다양한 비빔밥이 존재한다. 전주에는 전주비빔밥이 있는데, 17세기에 전주 남부시장을 중심으로 퍼진 콩나물 비빔밥이 오늘날의 전주비빔밥으로 발전한 것으로 알려져 있다. 전주비빔밥의 가장 중요한 재료는 콩나물인데, 쇠고기를 고아 낸 물로 밥을 하고 뜸을 들일 때 콩나물을 넣어 익힌다. 그 후 황포묵, 쇠고기 육회, 달걀노른자, 약고추장, 참기름 등을 넣어 비벼 먹는다. 진주에 가면 진주비빔밥이 유명한데, 임진왜란 때 소를 잡아 육회를 만들고 남은 재료를 섞어 비빔밥을 만들어 먹던 것에서 유래했다고 한다. 진주비빔밥은 밥 위에 각종 색깔의 나물을 얹고 가운데에 육회를 얹어 놓는데, 그 모양이 꽃처럼 화려하다고 해서 화반花盤, 또는 나물의 재료가 일곱 가지 색상의 꽃 모양이라고 해서 칠보七寶 화반이라고 한다.

그 외에도 채소로 만든 후 볶은 쇠고기를 얹어 만든 평양비빔밥, 볶은 밥에 각종 채소와 해산물, 닭고기와 달걀을 얹은 해주비빔밥, 비빔밥 위에 생미역이나 톳, 방풍나물 등을 고명으로 얹어 비벼 먹는 통영비빔밥, 제사에 사용되는 삼색 나물을 밥에 넣고 희게 버무린 후 제사상에 올린 전과 돔배기, 산적 등과 같이 먹는 안동 헛제삿밥, 삶은 닭고기를 찢어 풋고추

다진 것과 소금, 붉은 고추, 참기름 등을 넣고 고루 양념한 더운 콩나물을 얹어 비벼 먹는 함경도 닭비빔밥, 멍게를 숙성시켜 젓갈로 만든 후 고추장을 넣지 않고 참기름, 김 가루 등을 비벼서 먹는 거제 멍게젓갈비빔밥, 스님들이 산사에서 생활하면서 각종 산채를 얹어 양념장에 비벼 먹는 산채비빔밥, 각종 생선회를 각종 나물 위에 얹어 초고추장에 비벼 먹는 회덮밥, 곱돌솥에 각종 재료를 넣고 따듯하게 먹는 돌솥비빔밥 등이 있다.

　우리가 즐겨 먹는 비빔밥은 최초로 한식을 세계화했으며, 일본의 스시, 베트남의 쌀국수 등과 어깨를 나란히 할 수 있는 요리로 세계시장에서도 그 맛을 당당히 인정받고 있다.

소풍날 엄마가 싸주신
도시락 속에는

김밥

5월이 되면 어머니가 싸주신 특별한 김밥 도시락을 가지고 소풍을 떠났고, 같이 갔던 친구들과 함께 김밥과 사이다를 나누어 먹으며 즐거워했던 기억이 난다. 요즈음 김밥은 일반 김밥, 프리미엄 김밥 등 다양한 종류가 있으며 우리 주위에서 쉽게 찾을 수 있는 분식 시장을 대표하는 음식이다.

우리나라의 김밥은 일본의 마키류 형태의 김초밥^{후토마키} 종류 중에서 굵게 말아내는 노리마키에서 유래되었다는 일본 유래설과 복을 싸서 먹는다는 의미를 지닌 '복쌈^{밥과 볶은 취나물을 배춧잎이나 김으로 싼 음식}'이라는 우리 고유의 풍습에서 유래했다는 고유 유래설이 있다. 우선 일본 유래설은 우리나라의 김밥과 노리마키의 만드는 방법, 굵기, 써는 방법, 밥을 마는 김발 형태가 매우 유사하다는 점을 근거로 들고 있다. 일본의 김초밥은 19세기 후반 일본 동경 도박장에서 간단하고 쉽게 먹을 수 있는 음식을 초밥집에 주문하면서 탄생했다고 한다.

고유 유래설은 1281년 승려 일연一然이 편찬한 《삼국유사》에 신라시대 때부터 김을 먹었으며 정월 대보름에 '복쌈'을 먹는 풍습이 있었다고 기록되어 있다는 점을 비롯하여 아래와 같은 점을 근거로 들고 있다. 1425년 세종 때 편찬된 《경상도지리지》에는 김이 경상남도 하동의 토산품으로 기록되어 있고, 조선 말기의 조리서인 《시의전서》에서도 김밥과 유사한 김쌈에 대한 조리법 기록이 발견되었다는 점. 또한 《시의전서》에는 김을 만드는 방법에 대해 "채취한 김을 손으로 문질러 잡티를 제거하고 소반 위에 펴 놓고 꿩 깃털로 기름을 바르고 소금을 뿌려 재운 후 구워서 네모반듯하게 잘라 담고 꼬지에 꽂는다"라고 기록하고 있는데 이것은 현재의 구운 조미 김과 매우 유사하다.

이러한 점을 정리하여 결론을 내리자면 김밥의 역사는 우리나라가 아주 오래되었고, 김밥에 다양한 속 재료를 넣어 먹는 습관은 일본에서 유래한 것으로 보아 한일 간에 서로 영향을 주고받으며 자국의 음식으로 발전했다고 판단된다.

김밥은 1970년대에는 어묵, 햄, 달걀지단 등 비싼 부재료로 인해서 소

풍이나 운동회 때만 먹을 수 있는 음식이었다. 그러나 1990년대에 김의 대량 생산이 가능해지고, 햄과 달걀의 가격이 많이 저렴해지면서 김밥 전문점이 증가하기 시작했다. 게다가 2000년대에는 삼각김밥이 편의점에 진출하면서 라면과의 단짝 음식으로 부상했다. 2010년 이후에는 소고기, 치즈, 참치 등을 주재료로 하거나 유기농 재료를 사용하는 프리미엄 김밥 전문점이 등장하게 되었다. 현재 일본의 김초밥은 일본을 대표하는 세계 적인 일본 음식으로 발전했다. 김에 오이, 단무지, 달걀 등을 기호에 맞게 넣어서 만든 후토마키는 우리나라의 김밥과 가장 유사하고, 밥이 밖으로 말린 우라마키는 우리나라의 누드김밥과 유사하다. 회로 잘 먹지 않는 날 생선이나 절임생선을 넣어 만든 데카마키, 그리고 김에 쌀과 각종 다양한 재료를 넣고 부채꼴로 만든 데마키가 있다. 삼각김밥은 흰쌀밥에 각종 재 료를 넣은 후 주먹을 쥐어^{握る, 니기루} 만들었다는 데에서 이름 붙여진 오니기 리에서 유래된 것으로 우리나라에서도 인기가 좋다.

밥을 말 때 쓰는 김밥의 주재료인 김은 조선시대 김여익[1606~1660] 선생 에 의해 양식이 시작되었다. 김을 즐겨 먹는 나라는 중국, 일본 그리고 우 리나라 정도이고, 이 중 마른 김을 만들어 먹는 나라는 일본과 우리나라 뿐이다. 최근 조미김과 조미김에 견과류를 뿌려 만든 스낵류가 미국 코스 트코에서 잘 팔리면서 미국인들의 입맛을 사로잡고 있다고도 한다. 김에 는 각종 무기질과 비타민 A, B, C의 함량이 높고 면역력 증가 효과가 있는 식이섬유인 유산다당이 함유되어 있으며 비타민 B_{12}는 달걀의 12배, 우유의 20배가 들어 있다. 김에는 글리신과 알라닌과 같은 아미노산이 풍부해 감칠맛이 나며 피로 해소에 도움을 주는 타우린의 함량도 높다. 그 외 김밥에는 쌀과 궁합이 잘 맞는 식재료로 비타민 A의 보고인 당근, 변비에 효과가 좋은 리그닌 및 이뇨 효과가 있는 이눌린이 함유된 우엉, 철분이 많은 시금치, 그리고 김밥에 부족하기 쉬운 단백질과 노란 색감을 주는 달걀지단이 들어가기 때문에 건강에도 매우 좋은 음식이다.

해외에서 인기 있는 김초밥으로는 날생선을 기피하는 미국인들을 위해 미국에 이민 간 일본 요리사가 개발한 캘리포니아롤이 있다. 캘리포니아롤은 미국인에게 친숙한 아보카도, 크림치즈 등을 사용하는 동시에 그들이 낯설어하는 김은 안으로 말아서 만들었다. 또한 오바마 전 미국 대통령이 하와이 방문 시에 먹어서 유명해진 무스비가 있는데, 밥 사이에 재료를 층층이 쌓아 전체를 김으로 감싼 주먹밥 형태의 요리이다.

우리나라에서는 밑간이 된 당근과 단무지를 넣고 작게 만든 김밥을 겨자 간장에 찍어 먹는 마약김밥, 밥만 넣은 작은 김밥을 무김치나 오징어무침과 같이 먹는 충무김밥, 구운 꽁치가 통으로 들어간 제주의 통꽁치김밥 등이 인기가 있다.

《삼국사기》는 추석을 말한다

추석 음식

　추석은 만월인 음력 8월 15일로써 우리 고유어로는 한가위라고 하며 중국에서는 중추절仲秋節이라고 한다. 추석은 봄부터 가꾼 곡식과 과일이 수확되는 계절이어서 각종 음식물을 장만해서 가족 및 친척들이 모여 같이 먹고 즐기는 날이다. 미국에서는 11월 넷째 주 목요일인 추수감사절이 우리나라의 추석에 해당하는 날이다. 17세기 초 신대륙으로 이주한 청교도들이 처음 곡물을 수확한 후 이를 기념하면서 유래하게 되었는데 칠면조turkey를 요리해서 먹기 때문에 '터키 데이'라고도 한다. 중국 중추절의 대표적인 음식은 바로 월병月餅이다. 월병은 달에 제사를 지내기 위한 제사용품으로 둥근 달처럼 동그란데 그 모습은 화합과 단결을 의미한다.

추석에 관한 기록은 오래전 김부식이 쓴《삼국사기^{三國史記}》에 나오는데 신라 시대에도 8월 15일에 길쌈 등 놀이의 승자를 술과 음식을 장만하여 축하하고 가무를 하며 놀았는데 이를 가배^{嘉俳}라 하였다. 추석에는 햇곡식과 햇과일로 음식을 장만하여 조상에게 차례를 지냈는데, 차례상에는 송편, 흰밥, 자반, 숙채, 생채 등이 올라간다. 추석에는 송편을 올리는 것이 설날의 떡국을 올리는 것과 차이가 있어 추석 차례를 '송편 차례'라고도 한다. 그리고 쌀로 술을 담그고 녹두를 손질해서 녹두전을 만드는 것이 특징이다.

추석 음식의 대표는 송편이다. 추석 전날에 오랜만에 만난 가족과 친지들이 둘러앉아 송편을 빚는 모습이 추석의 대표적 모습이다. 송편은 멥쌀가루로 반죽하고 소를 넣는데, 소의 재료로는 콩, 깨, 밤 등이 들어간다. 최근에는 다양한 색으로 보는 즐거움을 주기 위해서 야채즙, 녹차 가루, 과일즙 등을 섞어 만들기도 한다. 송편을 시루에 찔 때는 솔잎을 켜켜이 놓고 찌기 때문에 송편에서 은은한 솔 냄새가 나면서 송편 표면에 솔잎 자국이 남게 된다. 이용기가 1924년에 지은 《조선무쌍신식요리제법朝鮮無雙新式料理製法》의 재증병再蒸餠 편에 "송편을 빚어서 쪄내어 냉수에 씻어 먹으면 좋다"고 하는 기록이 있고, 빙어각 이씨의 《규합총서》에서는 "송편을 크기에 맞추어 버들잎 같이 빚어 솔잎을 얹고 찌면 맛이 유난히 좋다"고 하였다.

송편 다음으로 많이 먹는 음식이 토란국이다. 토란국은 조선 헌종 때 정학유^{1786~1866}가 지은 《농가월령가農家月令歌》의 가사에 보면 '토란국을 선산에 제물하고 이웃집에 나눠 먹세' 라는 구절에 나온다. 토란은 가을에 수확하는 제철 농산물로 소화가 잘되는 성분인 무틴^{mutin}이 들어 있다. 토란을 먹을 때 끈적끈적하게 느껴지는 점액질이 있는데 이것이 당과 단백질의 복합체인 무틴이다. 무틴은 체내에서 분해되어 글루크론산^{glucronic acid}을 만들어주는데, 이 글루크론산이 간장이나 신장을 튼튼하게 만들어주고 단백질의 소화를 촉진하는 작용을 하기 때문에 과식하기 쉬운 추석 때 함께 먹기 좋은 음식이다. 또한 토란에는 식이섬유가 풍부하게 들어 있어 대장의 운동을 원활하게 만들어주므로 변비를 개선하는 데도 도움이 된다고 한다.

송편과 토란국 외에도 주로 추석 차례에 올리는 제물로 닭찜을 만들었는데 이를 계증^{鷄蒸}이라고 한다. 봄에 병아리를 가져와 추석이 될 때까지 키우면 살이 올라서 딱 먹기 좋은 햇닭이 되는데, 이때 햇닭을 잡아서 닭찜을 만든다.

경상도에서는 통닭을 씻어 물기를 뺀 다음 통째로 기름을 둘러 지진 후 냄비에 담아 닭고기가 잠길 정도로 물을 붓고 여기에 북어, 오징어, 홍합 등과 다시마, 두부, 무를 넣고 국물이 반만 남을 때까지 조린 후 차례상에 올리거나 절식으로 먹었다. 순조 때 김매순이 한양의 연중행사를 기록한 《열양세시기》에서는 "추석이 되면 가난한 집안에서도 예에 따라 모두 쌀로 술을 빚고 닭을 잡아 찬을 만든다"라고 했다. 그만큼 제사 음식에서 닭으로 만든 연계증^{軟鷄蒸}이 중요한 제물이었음을 알 수 있다.

이 외에도 찐 찹쌀가루 반죽에 밤소를 넣은 밤 고물을 묻힌 떡인 밤단자, 채소와 고기를 꼬챙이에 꿰어 밀가루를 묻히고 달걀을 풀을 씌어 전처럼 부친 누르미, 쇠고기와 도라지, 당근 파를 볶아서 코치에 꿰어 밀가루, 달걀옷을 입혀 지져낸 화양적^{華陽炙}, 배를 먹기 좋은 크기로 잘라 삶은 후 꿀물이나 설탕물에 담근 배숙 등이 대표적인 추석 음식이다.

5장

식품의
발전은
어떻게
이루어졌나

염소를 춤추게 하다

커피

요즈음 우리나라에는 한 집 걸러 한 집에 커피전문점이 있을 정도로 그 수가 늘었다. 그만큼 많은 사람이 커피를 즐겨 마시고 있다는 방증이다. 수년 전 카리브해에 위치한 쿠바와 도미니카공화국에 간 적이 있었는데 그 나라의 주요 산물 중의 하나가 커피였다. 경치 좋은 카페에 앉아서 갓 볶은 커피콩으로 내려 만든 커피를 마셨는데 그 맛이 정말 구수하고 커피의 향이 매우 좋았다. 미국 시애틀에 있는 스타벅스 1호점에서는 많은 사람이 그곳에서 커피를 마시기 위해 오랫동안 줄을 서서 기다리는 풍경을 흔하게 볼 수 있다.

인류가 어떻게 커피를 접하게 되었는지에 대해서는 확실한 기록이나 문헌상의 증거가 없기 때문에 정확하게 알 수는 없지만 칼디의 전설에 의하면 커피는 지금으로부터 약 1,300년 전 에티오피아의 산악지대에서 발견되었다고 한다. 칼디라는 한 목동이 기르던 염소들이 어떤 빨간 열매를 먹은 후 춤을 추듯이 활달해지는 것을 관찰하고서 호기심에 그 열매를 먹었더니 피곤함이 없어지고 정신이 맑아지는 현상을 경험한 후 다른 사람들에게 전파했다고 한다. 그 이후 수도승들이 수행 중 잠이 드는 것을 방지하기 위해 사용하기도 했다. 커피는 예멘의 모카항를 거쳐 아라비아와 터키를 통해 각 유럽으로 전파되었고, 그 이후 유럽의 여러 식민지에 전파되어 재배와 생산이 이루어지게 되었다. 지금으로부터 대략 500여 년 전인 1554년 터키 이스탄불에 최초의 커피하우스가 문을 열었고 많은 사람의 사랑을 받게 되었다.

커피라는 말의 기원은 고대 아랍어 카와qahwah에서 터키어인 카브kahve가 된 후 지금의 커피coffee로 바뀌게 되었는데, 그 의미는 '이슬람의 와인'이라는 뜻이다. 에티오피아에서 커피는 단순한 음료를 넘어 신에게 경배하는 수단이기도 했다. 또한 귀한 손님에 대한 우정의 표시인 커피 세레모니는 커피를 내릴 때 향을 피워 신성함을 표하고, 커피 세 잔을 대접하는 것이 예절이다. 터키에서 유행한 커피의 문화에는 환대와 우정의 의미가 담겨 있다. 특별한 손님을 맞아 커피를 마시는 것은 손님과 정다운 대화나 일상적인 담소를 나누자는 뜻이 있으며 정교한 커피잔을 준비하는 것에는 손님을 맞이하는 품격을 높이고 존경의 뜻도 포함되어 있다고 한다.

커피는 연평균 기온이 15~24℃ 정도이면서 땅이 얼지 않고, 일교차가 19℃ 이하의 기후를 지닌 곳에서만 재배할 수 있기 때문에 우리나라에서 커피를 재배하는 것은 적합하지 않다. 제주도에서 커피를 재배하려는 시도가 일부 있지만 비닐하우스에서만 가능하기 때문에 재배하는 데에 큰 비용이 소요된다고 한다. 이 때문에 우리나라에서 소비되는 커피는 대부분을 수입에 의존하고 있다. 우리나라에서는 2014년 기준으로 6천억 원에 해당하는 커피를 수입하였고, 성인 1인당 매년 340잔을 마셨다. 커피 시장은 5조 4천억 원에 달하며, 수입액을 기준으로 최근 10년간 연평균 15%씩 성장해 가고 있는 어마어마한 시장이다.

커피는 아라비카^{arabica}종과 카네포라 ^{canephora}종의 한 종류인 로부스타^{robusta}가 대표적이다. 아라비카 커피는 전 세계 커피 생산량의 70% 정도로 멕시코와 남미의 고산지대에서 생산이 되고, 로부스타는 나머지 30% 정도로 아프리카와 아시아의 낮은 산악지대에서 주로 생산이 된다. 커피 열매를 수확해서 외피와

내피를 벗겨내면 두 쪽의 생두가 만들어지는데, 이 생두를 가열하면 볶은 커피가 생산된다. 볶은 커피에는 섬유소를 제외한 탄수화물인 당질의 함량이 대략 20%로 매우 높고, 지질의 함량이 15% 정도 함유되어 있으며, 대표 항산화 물질인 클로로젠산chlorogenic acid의 함량이 6~10%로 매우 높다. 또한 볶은 커피의 지방산 구성을 살펴보면, 우리 몸에 좋은 오메가6지방산인 리놀레산linoleic acid의 비율이 50%에 달하고, 오메가9지방산인 올레산의 비율이 10%로, 두 지방산의 합이 약 60%를 차지하고 있어 기능성이 아주 뛰어나다.

커피를 볶으면 커피에 들어 있는 설탕에 의해 캐러멜화가 되어 어둡게 변하며, 외피가 탄화되면서 이산화탄소가 발생되어 볶은 커피 속에 농축되는데 중량비로는 2%에 달한다. 계산해보면 100g의 볶은 커피에는 대략 1L의 이산화탄소가 녹아 있다. 커피를 볶고 나면 녹아 있던 이산화탄소가 서서히 방출되기 시작하기 때문에 볶은 커피나 커피 가루를 밀폐 포장하면 서서히 부풀어 오르면서 터지게 된다. 그래서 유통되는 볶은 커피의 포장지 안쪽에는 이산화탄소를 흡착하는 탄산칼슘이나 포장지 내의 가스를 밖으로 배출하는 원웨이 밸브One-way valve가 부착되어 있다. 문제는 이산화탄소가 배출되면서 커피의 좋은 향들이 같이 배출되므로 장기간 보관하면 커피 품질을 저하시키는 원인이 된다.

전 세계적으로 커피가 유행하게 된 것은 에스프레소 머신의 탄생과 관련이 있다. 카페에 가면 전 세계에서 만든 다양한 에스프레소 머신들을 볼 수 있는데 이 머신들의 원조는 이탈리아에서 탄생했다. 에스프레소는 영어의 익스프레스$^{express, 빠름}$의 의미를 가지고 있다. 커피 가루를 팬에 가득 올린 후 대략 9기압의 뜨거운 물을 통과시켜 약 30초간 빠르게 추출이 이루어져 나온 추출액을 에스프레소라고 하고, 거기에 더운물을 적당량 넣은 것이 아메리카노이다. 유럽 사람들은 에스프레소를 즐겨 마시지만, 미국 사람들은 에스프레소를 더운물로 희석한 커피를 주로 마시기 때문에 통칭해서 아메리카노라고 한다. 그 외에도 다양한 종류의 커피가 있다. 에스프레소에 우유를 넣으면 카페라테가 되며, 에스프레소에 우유를 넣고 그 위에 우유 거품을 올린 것이 카푸치노이다. 비엔나커피는 생크림을 띄운 커피이며, 카페모카는 초콜릿을 넣어 초콜릿의 달콤한 맛을 낸 커피, 그리고 캐러멜 마키아토는 에스프레소에 캐러멜 소스와 우유를 넣고, 그 위에 우유 거품을 살짝 올린 커피이다.

커피의 신맛은 커피에 들어 있는 주산인 구연산$^{citric\ acid}$, 퀸산$^{quinic\ acid}$, 그리고 사과산$^{malic\ acid}$에 의한 것이며 상큼한 신맛의 구연산과 날카로운 신맛이 나는 사과산의 함량과 비율에 따라 그 맛이 결정된다. 또한 최근 연구에 의하면 커피에 들어 있는 페놀화합물이 대략 5~10%로 항산화 효과가 뛰어나고, 카페인에는 각성 효과가 있는 등 커피에 들어 있는 성분들이 대체로 건강에 도움이 된다고 한다. 하지만 카페인이 볶은 커피에 1%

나 함유되어 있고 에스프레소 한 잔에서 추출되는 카페인이 약 50mg에 달하기 때문에 커피를 많이 마시면 불면증 등의 증상이 발생할 우려가 있다. 그러므로 카페인에 민감한 사람들은 커피를 마시지 않도록 해야 한다.

고마워요, 콜럼버스
초콜릿

초콜릿은 남녀노소가 모두 좋아하는 맛있는 음식이다. 수년 전 카리브해에 위치한 도미니카공화국에 간 적이 있는데 그 나라의 주요 산물은 카카오와 커피였다. 카카오를 생산·가공하여 수출하는 회사에 방문했을 때 카카오 열매를 가공해서 만든 초콜릿 차를 마신 적이 있었는데 그 맛이 정말 고소했고 향 또한 매우 좋았다.

유럽에 가면 수백 년 된 수제 초콜릿 상점이 있는데 거기엔 다양한 고체 형태의 초콜릿은 물론이고 초콜릿 음료까지 있다. 특히 초콜릿 제품은 스위스와 벨기에가 유명한데 벨기에는 19세기 말 식민지였던 아프리카 콩고에서 대량으로 카카오나무를 재배하고 카카오 빈을 벨기에로 가져와 초콜릿을 만들기 시작하면서 초콜릿 산업이 발전하게 되었다. 벨기에의 초콜릿 명가로는 길리안Guylian이 있는데 길리안 초콜릿은 조개껍질이나 해마와 같은 독특한 모양과 뛰어난 맛으로 출시부터 인기가 대단했다. 지금은 한국회사가 인수했다. 또한 스위스는 200여 년 전, 알프스에서 생산된 양질의 우유에 초콜릿을 섞어 아주 부드러운 밀크초콜릿을 세계에서 처음으로 개발하면서 유명해졌다. 스위스를 대표하는 초콜릿 제조업체로는 네슬레Nestle가 있다. 미국의 대표적인 초콜릿 회사 허쉬Hurshey's는 120년 이상의 역사를 지닌 곳으로 초콜릿의 대량 생산 체계를 갖추고 있다. 우리나라에도 여러 개의 초콜릿 제조사가 있고 최근 카카오 함량을 높인 고급 제품을 선보이고 있다.

카카오나무는 멕시코의 아즈텍Aztecs에서 오래전부터 재배되고 있었으며, 카카오열매pod를 분쇄하고 구워서 일상생활의 식품으로 사용하였다. 신대륙을 발견한 콜럼버스Columbus가 카카오열매를 유럽에 전해주었고, 19세기 초에 지금 형태의 초콜릿 원형이 만들어지면서 더 많은 사람들의 사랑을 받게 되었지만 18~19세기에는 초콜릿의 가격이 매우 비싸서 유럽의 왕족이나 귀족들만 먹을 수 있었다. 카카오나무는 중남미, 서아프리카, 동남아시아의 열대우림 지역에서 재배된다. 카카오나무의 열매는 우리나라에서 재배되는 수세미와 비슷한 크기이며 열매 속에 들어 있는 아몬드 크기의 카카오 빈bean, 콩은 초콜릿과 코코아의 원료가 되고 있다. 우선 카카오 빈을 로스터기roaster로 볶아서 빈의 껍질을 벗겨내고 남아 있는 과육을 으깨어 반죽을 만든다. 이 과육의 반죽을 카카오 매스 또는 코코아 매스라고 한다. 초콜릿의 주원료인 카카오 매스에 설탕과 우유 그리고 코코아 버터를 넣고 잘 섞어준 다음 틀에 넣어 굳히면 초콜릿이 된다. 그리고 코코아는 카카오 매스를 짜서 그 속에 들어 있는 코코아 버터를 분리하고 남은 것을 잘 말려 곱게 분쇄하면 만들어진다.

초콜릿 제품은 매우 다양하다. 우유가 일정량 함유된 초콜릿을 밀크초콜릿, 우유가 조금 또는 전혀 들어 있지 않으면 스위트초콜릿이라고 한다. 셸초콜릿shell chocolate은 초콜릿을 틀에 넣어 겉을 만들고 그 안에 크림, 잼 등을 넣어 초콜릿으로 뚜껑을 씌운 것이다. 엔로버초콜릿enrober chocolate은 웨하스 등을 초콜릿으로 씌운 것을 말한다. 팬워크초콜릿pan-work chocolate은 팬에 넛트나 사탕류에 초콜릿을 넣어 만든 알갱이 형태의 초콜릿이다. 핸드메이드초콜릿은 수제품 초콜릿을 말한다. 화이트초콜릿은 카카오 매스를 넣지 않고 코코아 버터에 설탕과 우유를 넣어 만드는 것으로 색상이 하얀 것이 특징이다.

코코아 버터의 지방산은 포화지방산인 스테아린산steraric acid과 불포화지방산인 오레인산oleic acid 그리고 팔미틴산palmictic acid으로 구성되어 있다. 최근 국내외의 임상실험에서 초콜릿과 코코아 버터를 섭취해도 혈중 콜레스테롤이나 나쁜 콜레스테롤Low Density Lipoprotein Cholesterol, LDL이 증가하지 않으며, 초콜릿에 함유된 지방은 다른 종류의 지방보다 흡수율이 낮은 것으로 밝혀졌다.

초콜릿을 기능학적 관점에서 봤을 때 가장 중요한 성분은 폴리페놀이다. 초콜릿의 원료인 카카오 매스에는 대략 10%의 폴리페놀이 함유되어 있는데, 주로 카테킨[catechin], 에피카테킨[epi-catechin], 프로시아나이드[procyanide], 카테킨의 중합체인 플라반-3-올[flavan-3-ol]로 구성되어 있다. 항산화력이 뛰어난 폴리페놀류가 초콜릿에 대량으로 들어 있어 초콜릿이 산패되는 것을 막아주기 때문에 제품의 보존수명이 다른 일반 식품에 비해 매우 길다. 사람은 생명 활동을 하면서 체내에 유해한 활성산소를 만들게 되는데, 이 활성산소는 체내 조직을 손상시켜 현대인의 주 사망 원인인 암, 동맥경화, 당뇨병 등의 성인병과 노화를 일으킨다. 초콜릿에 들어 있는 폴리페놀류가 이러한 활성산소를 제거하는 작용을 하는 것으로 최근 연구 결과에서 밝혀졌다. 또한 최근 연구에서는 초콜릿이 기억력 향상에 도움을 준다고 보고하였는데 그 이유로는 초콜릿이 인지 영역을 자극하기 때문이라고 밝혔다. 또한 초콜릿은 매력적인 맛이 있고, 특히 사람들이 우울할 때 초콜릿을 먹으면 도움이 된다고 한다.

하지만 초콜릿은 다른 식품과 견줄 수 없는 매력을 가지고 있어 많은 사람이 초콜릿 탐식에 쉽게 빠지게 만든다. 초콜릿에는 코코아 버터가 30% 이상 함유되어 있고, 특히 설탕의 함량이 높기 때문에 일반적으로 고

열량 식품으로 분류되며 너무 많이 먹으면 비만의 원인이 될 수가 있다. 시중에서 판매하는 초콜릿 70g을 다 먹으면 작은 밥 한 공기를 먹은 열량과 같다고 볼 수 있다. 또한 초콜릿은 카페인을 함유하고 있어 과잉섭취하면 불면증 등의 증상이 발생할 수 있으므로 적당량 섭취하는 습관이 매우 중요하다.

세계사를 바꾼 음식의 발명

인스턴트 라면

우리나라 사람들은 라면을 무척 좋아한다. 밥맛이 없을 때 매운 라면을 끓인 후 종종 썬 파를 넣고 잘 익은 김치를 곁들여 먹으면 한 끼 식사로 부족함이 없다. 라면을 처음 발명한 나라는 일본이지만, 전 세계에 라면 열풍을 일으킨 나라는 대한민국이다.

2014년 영국문화원에서는 설립 80주년을 맞아 지난 80년간 세계를 바꾼 사건은 무엇인지를 조사했는데 10개국 1만 명에게 설문조사를 한 결과 음식 중에는 유일하게 라면의 발명이 세계를 바꾼 사건 63위에 올랐다. 예전에는 하루에 세 끼 식사를 하려면 거의 온종일 밥과 반찬을 만들어야 했는데, 라면은 겨우 2~3분이면 만들 수 있어 한 끼의 식사를 빠르고 쉽게 해결할 수 있었다. 예전에는 국수를 만들려면 밀을 맷돌에 넣어 밀가루를 만든 후 다시 물을 넣어 반죽을 하여 평평하고 얇게 밀어서 잘게 잘라야 하는 복잡한 과정을 거쳐야 했다. 그러나 2차 세계대전 이후 패전한 일본에 식량이 부족하자 미국으로부터 원조 밀가루가 대량 수입되었고, 국수를 대량으로 제조하기 위해 밀가루 반죽을 구멍이 뚫린 틀에 넣어 통과시켜 만드는 압면押麵이 대량 생산되기 시작했다. 생면은 수분 함량이 많아 오래 보관할 수 없었으므로 생면 대신 장기간 저장과 유통이 가능한 건면乾麵을 주로 생산하였다.

라면을 개발한 사람은 1958년 일본 닛신식품의 안도 모모후쿠 사장이다. 일본 사람들은 미국의 원조로 받은 밀가루로 빵이나 국수를 만들어 먹었지만, 쌀밥을 주식으로 하는 일본사람들에게 밀가루 음식이 쌀밥만큼의 포만감을 줄 수는 없었다. 안도는 술집에서 파는 기름에 튀긴 고소한 덴푸라天ぷら, 일본식 튀김를 보고 국수를 기름에 튀기는 방법을 떠올렸다. 기름에 튀기면 국수가 고소해지면서 빵과 국수의 공복감을 극복할 수 있을 것으로 생각했다. 안도는 국수를 만들어 다양한 방법으로 기름에 튀기는 실험을 하여 라면을 개발하게 되었다. 안도가 처음 만든 라면은 튀긴 국수에 양념을 넣은 것으로 물에 2분 정도 끓이면 먹을 수 있었다. 국수를 기름에 튀기면 국수 안에 들어 있는 물이 증발하면서 미세한 구멍을 만들고 수분이 제거된 건면의 형태가 된다. 이렇게 만들어진 건면에 양념을

뿌려 포장해서 판매한 것이 최초의 라면이다. 만들어진 라면을 끓는 물에 넣으면 면에 형성된 작은 구멍을 통해 물이 들어가서 쉽게 불게 되면서 밀전분이 먹기 좋은 형태로 호화된다.

우리나라에 라면이 공급된 해는 1963년으로, 삼양식품에서 일본의 라면 제조기술을 도입하여 삼양라면을 만들어 팔기 시작했다. 우리나라에도 미국에서 대량의 밀가루가 들어왔었는데 박정희 정권 때 쌀의 소비를 줄이기 위해 혼분식을 장려하여 밀가루 소비를 증진시켰다. 이때 라면이 대중화되면서 우리 생활에 꼭 필요한 식품으로 자리 잡게 되었다. 우리나라의 라면 회사가 무인생산공장을 가동하기 시작하면서 우리나라는 세계제일의 라면 생산 국가이자 라면 수출국이 되었다. 해외에서는 라면을 발명한 나라가 일본이 아니라 한국이라고 착각할 정도로 한국은 라면의 종주국이 되었다. 현재의 매콤한 라면은 박정희 전 대통령이 제안해서 만들

었다는 이야기가 있다. 박정희 전 대통령이 간식으로 라면을 끓여 먹는데 싱겁다며 라면 수프에 고춧가루를 넣어 얼큰하고 맵게 만들어달라고 삼양식품 사장에게 전화했다는 일화는 유명하다. 박정희 전 대통령은 최근 전 세계에 불고 있는 매운 라면 열풍의 원조인 셈이다. 한국식 매운 라면은 밋밋한 일본식 라면보다 많은 사랑을 전 세계 사람들에게 받고 있다. 한국 라면의 면은 유탕면이 대부분이지만 일본은 즉석에서 뽑은 생면이 대부분이고 포장 라면의 경우도 숙면과 건면을 주로 사용하며 일부에서만 유탕면을 쓴다. 한국의 라면은 탕湯 문화를 기본으로 하여 고춧가루, 마늘, 후추 등을 넣어 색깔이 붉고 맛도 얼큰한 반면, 일본은 일본간장, 된장 그리고 돼지 뼈 육수를 기본으로 한 짭짤하면서 담백한 맛이 특징이다. 고명 또한 한국은 달걀, 파, 콩나물, 해물 등을 넣지만 일본은 돼지고기 편육, 죽순, 숙주 등을 넣는 것이 다르다. 반찬도 우리나라는 잘 익은 김치나 단무지를 먹지만, 일본은 생강 초절임을 먹는다.

　라면을 제조하는 방법을 간단히 기술하면 우선 밀가루 등의 원료를 저장고인 사일로silo에 옮기면 컴퓨터에 의해 자동으로 계량되어 생산시설로 옮겨진다. 그 후 밀가루와 전분 그리고 비타민 등을 넣고 물에 배합하여 반죽을 만든 다음 얇게 면을 만든다. 만들어진 면을 미세한 구멍에 통과시켜 국수를 만드는데 마지막 공정에서 롤러 속도를 조절하여 꼬불꼬불한 형태로 만든다. 국수를 꼬불꼬불하게 만들면 한 번에 많은 양을 담을 수 있고, 꼬불꼬불한 면 사이로 생기는 공간을 끓는 물이 통과하여 라면이 빠르게 익는다. 꼬불꼬불한 면은 100℃의 끓는 물에 익힌 후 물기를 제거하고 나서 유탕공정으로 옮겨 국수를 튀겨준다. 튀긴 면은 빠르게 냉각하여 기름과 수분을 증발시키면 라면이 바삭바삭한 형태로 변하게 된다. 마지막으로 스프를 넣고 포장하면 완성된 라면이 만들어진다.

한국의 라면 요리로는 떡볶이에 라면사리와 어묵, 달걀을 넣어 먹는 라볶이, 면을 잘게 부셔 팬에 넣고 땅콩, 호박씨 등을 넣고 볶아주다가 설탕 등을 넣어 만드는 라면강정 등이 있다.

없어서는 안 되지만, 지금은 전쟁이다

설탕

2년 전 쿠바의 하바나에 방문한 적이 있다. 1월 말이었지만 적도에 가까운 지역이기에 낮에는 섭씨 30도가 넘는 무더운 날씨를 자랑했다. 하바나의 남쪽에 위치한 헤밍웨이의 생가에 도착하니 목이 말랐다. 마침 헤밍웨이의 생가 앞에 있는 상가에서 이제 막 수확한 사탕수수를 적당한 크기로 잘라 착즙기로 짜낸 사탕수수즙을 얼음 채운 잔에 넣어 팔고 있었다. 사탕수수즙을 마시니 목을 타고 내려가는 달콤함에 잠시 행복감을 느낄 수 있었다.

1970년대 우리나라에서는 설탕이 매우 귀하고 비싸서 집에서 설탕을 마음껏 먹기가 쉽지 않았다. 그러나 지금은 모든 사람이 설탕을 너무 많이 섭취하고 있어 전 세계가 설탕과의 전쟁을 치르고 있다. 인류가 설탕을 먹기 시작한 시점은 지금으로부터 8,000년 전으로 추측된다. 인도에서 자생하는 사탕수수에서 처음으로 설탕을 얻었다고 보고 있으며, 사탕수수의 재배는 오스트레일리아의 북쪽에 위치한 뉴기니섬에서 시작된 것으로 보인다. 설탕은 인도를 거쳐 유럽으로 전파되었는데, 벌꿀의 단맛에 익숙했던 사람들에게 처음으로 맛보는 설탕은 가히 환상적인 맛이었을 것이다.

인도 정복 중 알렉산더대왕은 설탕을 맛보고 꿀과 다른 당분의 맛에 놀랐다고 전해진다. 단맛을 내는 단당류는 단맛이지만 모두 맛이 조금씩

다르다. 꿀 속에 주로 들어 있는 과당은 산뜻한 단맛, 설탕은 묵직한 단맛 그리고 포도당은 밋밋한 단맛을 준다.

설탕이 주는 단맛은 묵직하고 강렬하여 사람의 긴장감을 풀어주거나, 편안한 느낌을 주어 쉽게 중독되기 쉽다. 그래서 설탕은 불안하고 심리적으로 긴장된 사람을 진정시키거나, 심장이 비정상적으로 뛰는 것을 안정시키기 위해서 사용하기도 한다. 특히 공복감을 느낄 때 설탕이 듬뿍 들어 간 쿠키와 커피를 마시면 사람들은 편안하고 좋은 느낌이 들게 된다. 사람의 뇌는 이 느낌을 기억해 매번 같은 맛을 원하게 되는데, 자칫 잘못하면 설탕 중독에 빠질 수 있다. 일단 중독이 되면 무의식적으로 같은 음식을 찾게 되고, 없으면 불안하게 된다. 예로써 커피에 중독된 사람들은 아침에 꼭 커피를 마셔야만 일을 시작할 수 있게 되는 것과 마찬가지이다.

설탕은 주로 사탕수수와 사탕무에서 얻는다. 사탕수수는 브라질, 하와이, 인도네시아, 쿠바 등과 같이 연평균 기온이 20℃ 이상, 연강우량 1,200~2,000mm인 열대나 아열대의 습한 지역에서 잘 자란다. 사탕수수의 줄기에는 설탕의 원료가 되는 수크로오스가 10~20% 정도 들어 있다.

추운 지역에서 찾을 수 있는 설탕의 원료를 함유한 식물로는 사탕무가 있으며, 수크로오스가 15~20% 정도 들어 있다. 독일의 화학자인 마르크그라프[1709~1782]가 당분이 많이 들어 있는 사탕무에 대한 연구를 시작하였고, 그의 제자 어설이 연구를 이어받아 1801년 그 연구 결과를 바탕으로 사탕무 설탕 공장을 만들게 되었다. 당시의 독일은 영국, 프랑스 등과 같은 세계열강과는 달리 열대나 아열대의 식민지를 갖고 있지 않아 항상 설탕 수급에 문제가 많았다. 특히 프랑스의 나폴레옹이 유럽에서 전쟁을 시작하면서 설탕의 수입이 불가능해졌다. 이에 나폴레옹은 사탕무에서 설탕을 제조하는 것에 적극 지원하였고, 그 결과 사탕무에서 설탕을 제조하는 기술이 빠르게 발달하였다.

설탕의 원료인 사탕수수는 기후상 우리나라에서 대량 재배는 불가능하지만 제주도에서 사탕무를 재배하여 비정제당으로 가공 판매하고 있다. 우리나라의 설탕에 대한 첫 기록은 고려시대에 있었으며, 송나라 때 후추와 같이 전래되어 일부 최상류층의 사치한 기호품으로 사용되었다. 그 이후 1906년 독일에서 사탕무 종자를 수입하여 시험적으로 재배하였으나 기후와 토질이 맞지 않고, 병충해 발생과 경제적 문제로 실패하였다. 한편 남부 지역에서는 사탕수수의 일종인 단숫대가 자생하고 있었다. 단숫대는 수크로오스의 함량이 일반 사탕수수보다 매우 낮지만 껍질을 벗겨 속살을 씹으면 단물이 나와 단맛을 느낄 수 있다.

설탕은 다음과 같은 과정을 걸쳐 만들어진다. 우선 사탕수수나 사탕무를 세척하고 분쇄한 다음 압축하여 액즙을 생산한다. 그다음 불순물을 제거하기 위해 여과기를 거친 후 농축시켜 결정을 만들면 원당이 된다. 이

원당에서 각종 착색물질을 제거하면 백설탕의 원료가 되는 정백당이 되고, 원당 가공 중 캐러멜을 첨가해 독특한 맛과 향이 나도록 가공하면 흑설탕이 된다.

현재 전 세계는 설탕과의 전쟁 중이다. 영국 정부가 2018년부터 설탕 세를 도입하기로 했고, 캐나다, 필리핀 등도 설탕 세 도입을 검토 중이다. 세계보건기구^{WHO}에서는 하루에 섭취하는 칼로리의 10% 이하로 설탕류를 섭취하라고 권고했다가 2015년에는 5% 이하로 줄이는 것이 좋다고 추가로 제안했다. 성인 남자의 하루 권장 칼로리가 2,500kcal이니 하루 설탕 권장 섭취량은 31.3g 정도이다.^{설탕 1g당 4kcal} 우리나라의 식품의약품안전처에서는 당류 저감 종합계획을 발표했다. 즉 우리 국민의 당류 적정섭취를 유도하기 위해 가공식품을 통한 당류 섭취량을 1일 열량의 10% 이내로 관리한다는 것이다.

어린이^{하루 칼로리 권장 섭취량 1,100kcal}의 경우 1일 열량의 10%라고 하면 설탕 기준으로 27.5g이다. 하지만 우리가 마시는 주스나 청량음료에는 많은 양의 설탕이 함유되어 있다. 즉 일반 250g 기준의 주스나 청량음료의 설탕 함량을 15%라고 한다면 대략 37.5g의 설탕이 들어 있다고 볼 수 있다. 어린이가 하루 1병의 음료를 마시면 1일 당류 섭취량을 넘게 되는 것이다. 대개 주스나 청량음료에는 설탕과 다양한 형태의 유기산이 함유되어 있으므로 설탕의 묵직한 단맛을 덜 느끼게 되어 결국 주스나 청량음료를 많이 마시게 되는 것이다. 과다한 당의 섭취는 비만과 당뇨병을 유발하므로 매우 주의해야 한다.

논란의 중심에 서 있다 해도

인공감미료

　최근 과도하게 늘어난 설탕 섭취량이 국민을 비만, 고혈압, 심장병으로 내모는 건강의 적으로 드러났다. 그렇다고 일상적으로 먹던 단맛이 나는 온갖 반찬, 요리, 청량음료나 각종 케이크와 과자 등을 모두 끊는 것은 너무 힘든 일이다.

　앞에서도 언급했듯이 우리나라의 설탕에 대한 기록은 고려시대부터 있었으며, 송나라 때 전래되어 일부 최상류층의 사치한 기호품으로 사용되었다. 유럽에는 7~8세기에 설탕이 전래되었으며 십자군 전쟁 후인 13세기에 설탕의 소비가 급증하였다. 재산이 많은 귀족은 고가의 설탕을 즐기면서 자신들의 신분을 크게 과시하기도 했다. 그 당시 설탕 무역은 큰 이윤이 되었기 때문에 노예무역의 주된 동기도 설탕과 관련이 있었다. 미국 플로리다주 남쪽의 카리브해 지역에 있는 아이티는 프랑스에서 설탕을 생산하기 위해 데려온 아프리카 노예들이 만든 국가이다. 1791년 설탕을 생산하던 흑인들이 나폴레옹이 실각할 때 봉기하여 1804년에 흑인공화국인 아이티를 건국하게 된 것이다. 우리나라에서는 1950년대에 설탕이 대량 생산되기 시작하였으나 1970년대까지도 설탕이 매우 귀하고 비싸서 일반 가정집에서 설탕을 마음껏 먹기는 쉽지 않았다.

따라서 많은 과학자들이 설탕보다 싸고, 더 달게 느껴지는 천연감미료와 인공감미료 연구에 몰두하게 되었다. 그중 가장 널리 알려진 인공감미료는 사카린으로 1879년 미국 존스홉킨스대학의 렘센[1846~1927] 교수팀이 발견하였는데, 설탕의 단맛보다 300~500배 강하면서 값은 오히려 설탕보다도 싸서 서민들의 환영을 받게 되었다. 사카린은 섭취 후 우리 몸속에 흡수되지 않고 전량 배설되기 때문에 칼로리가 거의 없다. 우리나라에서도 1970년대까지 여름철에 수박 화채를 먹을 때 비싼 설탕 대신 사카린을 넣어 단맛을 즐기곤 했다. 사카린은 설탕이 부족했던 1900년 초에 사용량이 급격하게 늘어났고 1957년도에 미국 식품의약품안전처[FDA]로부터 식품첨가물로 인정을 받았다. 그 후 유해성 물질이라는 논란이 있었으나 20여년간의 연구 끝에 2010년 미국 환경보건국[EPA]에서 인체에 암을 유발하는 물질이 아니라는 결론을 내리게 됐다.

그 이후 1965년 미국의 화학자 슐라터가 위액 분비를 촉진하는 호르몬을 연구하던 중에 우연히 아스파탐을 발견하게 되는데, 이 아스파탐은 설탕의 200배에 달하는 단맛을 낸다. 아스파탐은 아미노산으로 만들어지기 때문에 설탕과 같이 1g당 4kcal의 열량을 만들지만 설탕의 200배나 달기 때문에 열량은 무시해도 될 정도이다. 더구나 쓴맛이 없고 과일 향을 더 강하게 느끼게 해주며, 커피의 쓴맛을 감소시키는 효과가 있어서 현재 전 세계적으로 가장 많이 쓰이는 인공감미료이다. 1983년 미국 식품의약품안정청으로부터 식품첨가물로 승인을 얻은 뒤 전 세계에서 청량음료 첨가물로 많이 사용되고 있다. 다이어트용 코카콜라나 펩시와 같은 다이어트용 음료에는 대부분 아스파탐이 들어 있다.

사카린에 버금가는 강한 당도 때문에 흔히 인공감미료라고 잘못 알고 있는 스테비오사이드는 사실 천연감미료이다. 스테비오사이드는 남미에서 자라는 국화과의 스테비아에서 추출한 것으로 인체에 흡수되지 않고 배설되어 칼로리가 거의 없지만, 단맛이 설탕의 300배에 달한다. 남미의 원주민들은 수천 년 전부터 차와 식품에 단맛을 내는 데 스테비아를 이용해 왔다.

1970년대 일본 과학자에 의해서 단맛을 내는 스테비오사이드만을 추출할 수 있게 되면서 설탕 대용품으로 사용되기 시작했다. 우리나라에서는 주류의 감미료로 사용되고 있다. 단맛이 설탕의 수백 배에 달하는 천연감미료와 인공감미료는 당뇨 환자나 체중 감량을 원하지만 과자나 빵, 그리고 청량음료를 먹고 싶은 사람들에게 설탕 대용으로 매우 사랑받는 물질이 되었다. 그러나 어린이들이 설탕 대용인 저칼로리 천연감미료나 인공감미료를 계속 먹게 되면 단맛에 길들어서, 다른 음식은 맛이 없게 느껴져 편식으로 이어질 수 있고 결국 비만과 당뇨병을 유발하게 되므로 지나친 감미료 사용은 바람직하지 않다.

　단맛은 어떻게 느끼게 되는 걸까? 그리고 일부 천연감미료와 인공감미료는 조금만 먹어도 왜 설탕보다 훨씬 달게 느껴지는 걸까? 대부분 맛은 사람의 혀에 있는 미각수용체에서 느끼게 된다. 사람의 혀에 있는 수용체는 3차원 구조로 되어 있고 기본적으로 쓴맛, 신맛, 짠맛, 단맛을 구분하게 된다. 단맛을 내는 물질이 입속에서 수용화되면서 혀에 있는 수용체 단백질에 결합하게 되면 수용체에 결합한 신경조직이 뇌로 신호를 보내어 뇌에서 단맛을 느끼게 된다. 일부 천연감미료와 인공감미료는 단맛을 내는 혀의 수용체 내에서 더 강하게 그리고 오래 머무르게 되고 결과적으로 뇌에 더 강한 신호를 주게 되어 사람들이 더 달게 느낀다. 앞으로 과학이 더 발전해서 혀에 있는 단맛 수용체의 3차 구조를 알게 되면 열량이 거의 없지만 단맛을 내는 물질을 쉽게 찾거나 화학합성을 해서 만들 수 있게 되는 날이 오게 될 것이다.

유통기한의 역사

가식성 코팅제

가을에 먹는 감귤이나 자몽이 반들반들한 이유는 무엇일까? 그것은 바로 가식성^{可食性, 먹을 수 있는 성질을 가진} 코팅제로 과일 표면을 코팅하기 때문이다. 과일이 농부의 손을 거쳐 소비자에게 도달하는 과정에서 과일의 표면이 마르거나 썩어버리는 등 품질 저하로 인해 팔 수 없게 되는 경우가 있는데, 가식성 코팅제가 이런 손실을 방지하는 역할을 하는 것이다.

수확된 과일은 살아있는 생명체로 동물과 식물처럼 호흡을 한다. 즉 산소를 들이마시고 이산화탄소와 수증기를 배출하며 발열반응을 한다. 가식성 코팅제를 과일 표면에 코팅하면 과일 표면을 통해 들어가는 산소의 양이 줄어들게 되고, 과일 내부에 이산화탄소량이 증가하여 자연스럽게 과일의 호흡량이 줄어들게 된다. 이러한 현상을 이용해 과일이 숙성되는 속도를 크게 낮출 수 있다. 가식성 코팅제로 코팅하면 수확한 과일의 품질을 반년 정도 유지할 수 있으니 수확한 과일을 오래 보관할 수 있는 매우 획기적인 방법이다.

옛날에는 과일을 어떻게 오랫동안 보관할 수 있었을까?

아주 오래전 중국으로부터 전해지는 방법이 있다. 중국의 남방에는 맛이 좋은 과일들이 생산되는데 남방의 관리들이 황제에게 잘 보이기 위해 그 과일들을 북경으로 보냈다. 그러나 마차 등을 이용해 3~4달에 걸쳐 북경에 도착한 과일들은 대부분 부패하거나 너무 완숙되어 맛이 없어졌다. 은 고민 끝에 한 관리가 나무 상자의 바닥을 나뭇잎으로 채운 뒤 상태가 좋은 맛있는 과일을 넣고 그 위를 다시 나뭇잎으로 덮은 후에 나무 상자를 밀봉하면 북경에 도달할 때까지 과일이 맛있게 보관된다는 사실을 알게 되었다. 대체 어떻게 된 일일까? 나무 상자의 밑바닥과 위에 채운 나뭇잎이 나무 상자 안의 산소를 흡수하여 나무 상자 내부의 산소 농도가 매우 낮아진다. 그로 인해 나무 상자 안의 과일들은 호흡량을 대폭 줄여 반수면 상태에 빠지게 되고, 결과적으로 수확한 과일을 오랫동안 품질 변화 없이 보관할 수 있는 것이다. 지금도 동남아시아에서는 이런 방법으로 과일을 보관하고 있다.

가식성 코팅제는 어떻게 개발되었을까?

역사적으로 보면 12세기에 중국에서 처음 사용된 것으로 알려져 있다. 또한 중국인들은 오렌지나 레몬의 표면을 왁스로 코팅하면 나무상자에 나뭇잎을 넣는 것과 동일하게 과일이 품질 변화 없이 오랫동안 보관이 가능하다는 것을 알게 되었다. 왁스야말로 인류가 처음 사용한 가식성 코팅제인 것이다. 1930년도에 미국에서도 왁스를 과채류에 사용하여 높은 저장 효과를 얻었고, 1940년도에는 캘리포니아산 과일에 왁스를 코팅하여 이들 과일류의 저장성을 크게 향상시켰다. 1986년에는 복숭아에 왁스 유화물을 코팅하여 뛰어난 저장 효과를 얻게 되었다. 유럽에서는 열대성 과일류[파인애플, 자몽 등]에 셀룰로스 필름을 코팅하여 큰 저장 효과를 얻었으며, 특히 이 코팅 물질들이 향미 성분을 과일 속에 오래 남아 있게 하는 데 큰 효과가 있는 것으로 알려져 있다. 최근 미국에서는 우유 단백질을 이용한 코팅제를 반가공된 과채류에 코팅하면 우수한 품질을 유지하면서 오랫동안 보관이 가능하다는 보고가 있었다.

왁스류 이외에 어떤 과일 코팅제가 있을까?

외국에서는 1900년도 초부터 왁스 이외의 가식성 필름 소재들이 개발되어 왔으며, 특히 1980년 슈크로즈폴리에스터가 개발되어 여러 과일류에 광범위하게 코팅되면서 과일류의 저장성 향상 및 품질 변화를 최소화하는 데 크게 이바지하였다. 미국이나 유럽에 가면 대략 95%의 사과나 배가 수크로스 폴리에스터를 기본으로 한 코팅제로 코팅이 되어 시판되고 있다.

가식성 코팅제의 종류와 적용되는 식품에는 어떤 것들이 있을까?

미국 및 유럽 시장에서 사용되고 있는 가식성 필름 코팅제는 여러 가지 식품에 적용되고 있다. 첫 번째는 앞에서 언급했듯이 과일용 가식성 코팅제이다. 과일을 가식성 코팅제로 코팅하여 과일의 호흡률을 조절해 유통기한을 연장한다. 두 번째는 옥수수 단백 필름으로 지방 함량이 많은 너트^{Nut}류에 사용하는 코팅제이다. 너트류는 지방 함량이 높아 쉽게 산패되어 절은 냄새가 나기 때문에 장기간 보관하기가 어려운데 옥수수 단백 필름을 코팅하면 제품의 품질을 오랫동안 유지할 수 있다. 세 번째는 튀김용 필름이다. 가식성 필름을 제조하여 고기와 야채를 다진 것을 함께 포장하여 튀긴 다음 모든 것을 함께 먹도록 한 것이다. 네 번째는 수분투과방지제이다. 피자 및 아이스크림 콘 등에 수분투과방지제를 씌우면 수분 이동을 막아 피자의 빵이나 아이스크림 콘이 눅눅해지는 것을 방지할 수 있다. 다섯 번째는 캔디 코팅제이다. 사탕류가 여름철 고온다습한 환경에서 눅눅해지는 것을 방지하기 위해 가식성 필름으로 코팅한다.

가식성 코팅제는 안전할까?

가식성 코팅제 자체는 천연물이기에 인체에 해가 없다. 가식성 코팅제로 쓰이는 왁스류는 대부분 밀랍 등과 같은 동물성 왁스와 쌀겨 왁스 또는 야자에서 유래한 카노바 왁스 등의 식물성 왁스가 있다. 또한 사과나 배에 코팅되는 수크로스 폴리에스터도 인체에 안전한 물질로 알려져 있다. 한편 감귤이나 자몽의 품질 저하를 야기하는 곰팡이의 성장을 억제하기 위해 항곰팡이제제를 코팅제에 혼합하여 사용하는 경우가 있다. 감귤 코팅제는 물로 세척을 해도 벗겨낼 수 없으므로 항곰팡이제제가 함유된 코팅제로 코팅된 감귤의 껍질로 차를 만들어 마시는 것은 지양해야 한다. 그러나 감귤류에 사용된 코팅제에 항곰팡이제제가 함유되어 있더라도 항진균제 성분이 감귤 내부로 전이되지는 않기 때문에 껍질을 제거해서 먹으면 아무런 문제가 없다.

패키징 기술은 인류 복지에 기여해 왔다

캔과 파우치

참치 캔 그리고 3분 짜장과 즉석 카레 파우치와 같은 것은 우리 모두에게 친숙한 즉석식품이다. 조리된 참치나 양념이 된 참치가 캔에 들어 있어 집이나 야외에서 쉽게 밥반찬이나 간식으로 먹을 수 있다. 3분 짜장과 즉석 카레는 파우치를 뜨거운 물에 데우거나, 내용물을 바로 그릇에 옮겨 전자레인지로 2~3분 데우면 밥과 함께 먹을 수 있어 인기이다.

캔과 파우치는 어떻게 만들어지게 된 것일까?

캔이나 파우치 같은 패키징 기술은 인류 복지에 크게 기여해 왔다. 오래전 원시시대부터 1950년대 플라스틱이 개발되기 전까지 인류는 이렇다 할 패키징 기술이 없었고, 일반적으로 액체식품을 담을 용기조차 마땅한 것이 없었다. 지금은 사람들이 물을 마시려면 종이컵, 플라스틱 컵 또는 유리컵 등에 따라 마시면 되지만 1950년 전만 해도 박으로 만든 표주박, 흙으로 만든 사발을 주로 사용했다. 놋쇠나 유리로 된 컵은 고가의 제품이었기에 부자들만 사용할 수 있었다.

수확한 식품과 가공한 식품이 오염되지 않고 오래 보관할 수 있는 패키징 기술의 개발은 인류의 오랜 숙원사업이었다. 일부 제품들은 유통기간이 1년 이상의 매우 긴 제품으로 가공되는데, 대표적인 식품이 캔과 무균 파우치로 패키징되는 제품이다. 캔과 무균 파우치는 살균 공정을 통해서 미생물이 거의 없도록 열을 가해서 만든 제품이기 때문에 매우 안전하다.

우리가 많이 사용하는 캔은 200여 년 전인 1804년에 프랑스의 황제인 나폴레옹의 명령에 의해 요리사 출신인 니콜라 아페르[1749~1841]가 고안한 병조림에서 기원한다. 그 후 1810년에 기계공이었던 듀란드에 의해 금속제 통조림 용기인 주석 깡통이 발명되었다. 1824년에 제조된 통조림을 114년 후에 개봉하여 성분들을 분석한 결과 내용물이 먹을 수 있는 수준이었다고 한다. 정말 놀라운 일이다. 요즘 식품공장에서 만들어지는 캔은 건조하고 서늘한 곳에 보관하면 대략 100년 후에도 먹을 수 있다고 한다. 음식을 상하게 하는 세균의 존재는 니콜라 아페르가 캔을 발명한 이

후 1861년에 프랑스의 화학자이자 미생물학자인 루이 파스퇴르[1822~1895]가 밝혔다. 파스퇴르는 캔 속에 들어 있는 세균을 파괴하면 통조림을 오래 두고 먹을 수 있는 것을 밝혀내었다. 식품용 파우치는 1960년대 미국의 NASA와 미국 육군에서 우주식량으로 개발되었다. 우주인이 우주에 가서 먹는 식품은 최고로 안전해야 하므로 세균이 없는 무균 상태로 처리하고, 중력이 없는 무중력상태에서 편하게 먹을 수 있도록 파우치의 형태로 만들어졌다.

작년에 큰 인기를 끌었던 영화《마션[The Martian]》[2015]을 기억하는가? NASA 탐사대가 화성을 탐사하던 중 모래폭풍을 만나 팀원 마크 와트니가 사망했다고 오해해서 그를 화성에 남기고 떠난다. 우주에서 인간이 생존하기 위해서는 산소, 물, 빛 그리고 식품이 필수적인데 지구에서 가져간 파우치 식품이 떨어지자 감자를 키워 생존하면서 지구로 귀환하는 이야기이다.

우리가 매일 먹는 식품은 우리가 주위에서 쉽게 구하지만 우주에서는 쉽게 구할 수 없다. 단지 우주에서는 지구에서 가져간 파우치 식품만 먹을 수 있다. 우주인들이 먹는 식품에는 일반적인 식사뿐 아니라 음료까지도 파우치에 들어 있다. 미국에서 개발한 파우치를 상용화한 나라는 대한민국이다. 한국의 기업이 전 세계적으로 상용화에 성공시켰으니 한국의 국민으로서 참으로 자랑스럽다.

캔이나 파우치에 넣는 식품에는 어떤 것들이 있을까?

캔이나 파우치에 넣어 상품화한 제품들은 주로 소비자들에게 인기가 있는 것들이다. 1890년경 처음으로 캔에 넣어 상용화된 것은 미국 보스턴에서 많이 잡히는 바닷가재이다. 바닷가재 통조림의 개발로 인해 중부 내륙에 사는 사람들에게도 맛있는 바닷가재를 쉽게 접할 기회가 제공되었다. 현재 잘 팔리는 캔 제품으로는 참치, 해물 수프, 각종 야채류, 고기류, 생선류 등이 있다. 우리나라에서는 참치, 꽁치, 햄과 같은 통조림이 인기이다. 파우치 제품으로는 즉석식품인 자장, 카레, 해물 소스 등이 대표적이다.

캔이나 파우치를 만드는 패키징 기술은 고분자, 기계, 화공, 전자 등의 기술 발전과 더불어 급속도로 발전하고 있다. 일례로, 우리가 먹고 있는 즉석밥_{예를 들어 햇반}은 에틸비닐알코올필름을 이용한 패키징 기술이 있었기에 만들어질 수 있었다. 이 필름은 식품 내로 산소가 거의 들어가지 못하게 막아 용기 안에 들어 있는 쌀밥의 맛을 변하지 않게 하므로 6개월 정도 보관할 수 있다. 최근 나노공학기술이 적용된 패키징은 더욱더 획기적이다. 나노 크기의 입자가 들어 있는 플라스틱 필름은 각종 가스를 거의 통과시키지 않기 때문에 기존의 플라스틱 필름이나 용기를 얇게 만들거나 감량을 해도 동일하게 식품을 보관할 수 있는 효과를 볼 수 있다.

발전된 패키징 기술은 우리의 생활과 조리 습관에 큰 변화를 가져오게 되었다. 잘 포장된 냉동식품과 즉석식품 덕분에 맞벌이 부부 등 바쁘게 살아가는 이들이 부엌에서 조리할 필요성이 없게 되었다. 패키징 기술은 식품 안전성을 높이고 우리의 일상생활을 건강하며 편리하게 해준다. 패키징은 식품의 손상을 막는 기능을 넘어 소비자의 구매 욕구를 충족시키는 역할도 한다.

6장

비슷하면서로
다른 듯한

정말 면의 유무로 구분할까

곰탕과 설렁탕

쇠고기를 사용해 만드는 곰탕과 설렁탕은 우리나라 사람들의 한 끼 식사로 좋은 음식이다. 곰탕은 고기로 국물을 낸 맑은 물에 삶은 고기를 넣은 것이고, 설렁탕은 뼈와 고기를 삶아서 국물을 우려내고 그 뽀얀 국물에 삶은 고기를 넣은 것이다. 곰탕과 설렁탕은 사용하는 고기 부위에 큰 차이가 있다. 곰탕은 소의 양지머리, 사태 등의 살코기와 내장을 쓰며 곱창, 양^{소의 위}, 그리고 소의 창자 끝부분인 기름기가 많은 곤자소니를 사용하는 반면, 설렁탕은 사골과 도가니, 양지머리 또는 사태와, 우설, 허파, 지라 등을 재료로 사용한다. 《시의전서》에서는 곰탕과 설렁탕에 대해 "소의 다리뼈, 사태, 도가니, 꼬리, 양, 곤지소니, 전복, 해삼 등을 큰 그릇에 넣고 물을 부어 푹 고아 맛이 진한 국물"이라고 설명하고 있다.

농경사회에서 소는 밭을 갈기 위한 아주 중요한 가축이었고, 나이가 들어 더 이상 일을 하지 못하면 도축하여 먹었다. 쇠고기로 만든 곰탕이나 설렁탕은 누구도 쉽게 먹지 못하는 귀한 보신 음식이었다. 쇠고기로 만든 곰탕이나 설렁탕은 칼로리가 높아 영양이 부족한 사람들에게 매우 좋은 음식이고, 추운 날에 속을 든든하게 하고 싶을 때 먹으면 좋은 겨울 보양식이다. 일반적으로 귀족이나 사대부 집에서는 쇠고기로 탕을 만들어 먹었고, 일반 서민들은 돼지고기나 개고기 등으로 탕을 만들어 먹었다. 고구려 벽화에 나오는 동물의 뼈는 주로 서민들이 먹던 개고기의 뼈로 알려져 있다. 소나 동물을 도축하는 기술은 목축업을 주로 하는 몽고나 건조한 지역의 이슬람에서 주로 발달하였고, 우리나라에는 고려 때 몽고가 침입하면서 자연스럽게 소와 같은 큰 동물을 도축하는 기술이 도입되었다. 도축을 할 때 동물이 스트레스를 많이 받으면 젖산이 근육에 형성되어 고기의 맛이 떨어진다. 특히 돼지의 경우 도축할 때 스트레스를 많이 받은 경우 심하게 물러져서 뒷다릿살로 햄을 만들 수 없게 된다.

곰탕이란 이름의 유래는 고기를 맹물에 넣고 끓인 국이라는 의미의 한자어 공탕空湯에서 비롯되었다는 설과 고기를 푹 곤 국이라는 의미의 곤국이 곰국이 되었다는 설이 있다. **곰탕은** 도축장이 근처에 있는 시장에서 만들어졌다고 알려진 황해도의 해주곰탕, 서울·경기의 서울곰탕, 나주의 나주곰탕, 경상도의 마산곰탕과 부산곰탕이 유명하다. 특히 나주곰탕은 나주의 향토 음식으로 근처 지역에서 나는 고기를 당일에 삶아서 만든 맑은 고깃국물에 밥과 고기를 넣고 토렴하여 만든 것이다. 나주곰탕은 나주 옛 관청 주위에서 열리는 오일장에서 상인들과 서민들을 위한 국밥으로 처음 등장하였다. 나주곰탕과 서울곰탕은 지방이 적은 살코기인 소의 양지나 사태와 내장을 쓰는 것이 특징이다. 곰탕은 끓일 때 다시마나 무를 넣어 끓이며, 맛이 진하고 기름지기 때문에 먹을 때 소금으로 간을 맞추어 먹는다.

설렁탕은 조선 초기에 유래했다고 알려져 있다. 세종대왕이 한해 농사의 풍년을 기원하기 위해 선농단先農壇, 농사의 신인 신농씨와 후직씨를 제사 지내는 곳에서 제사를 지내고 친히 소를 끌어 논을 경작하는데 갑자기 심한 비바람으로 꼼짝 못하게 되었다. 행사에 참여한 사람들이 배고픔을 호소하자 그들을 달래기 위해 소를 잡아 큰 가마솥에 넣고 맹물을 부어 끓여서 먹었는데 이것이 설렁탕이 되었다는 설이 있다.

설렁탕은 일찍부터 서울의 대중 음식으로 시판되었다. 설렁탕집은 큰 무쇠솥 2~3개를 걸고 뼈와 여러 부위의 고기를 삶아 놓은 후 편육을 부위별로 썰어서 채반에 담아 놓는다. 손님들이 들어와 설렁탕을 주문하면 뚝배기에 밥을 담고 뜨거운 국물로 토렴한 후 국수사리를 얹고 손님의 주문에 따라 부위별 고기를 넣고 다시 뜨거운 국물로 토렴한 후 국물을 부어

주었다. 그리고 먹을 때 곱게 썬 파와 소금, 후춧가루 등 식성에 따라 넣어 먹었다. 지금도 설렁탕은 대중에게 사랑받는 음식이다.

곰탕과 설렁탕은 집에서 만들어 먹는 것보다 전문점에서 먹는 것이 훨씬 맛이 있다. 그 이유는 일반 가정에서는 다양한 재료의 구색을 갖추기 어렵고 더구나 식육점에서 각색의 고기 부위를 고르기가 어렵기 때문이다. 또 고기 부위별로 익는 시간이 다르고 익히는 정도에 따라 맛이 달라지기 때문에 고기를 삶아본 경험이 많은 사람이 삶아야 한다. 또한 큰 솥에 각종 재료를 많이 넣고 푹 끓여야 맛이 어우러져 제맛이 나기 때문에 곰탕과 설렁탕은 전문점에서 먹는 것이 더 맛이 좋다.

지극히 동양적인, 더없이 서양적인

국수와 파스타

서양 사람들이 즐겨 먹는 파스타가 있다면 동양 사람들에게는 국수가 있다. 우리나라의 전통적인 면 요리는 김치나 양념을 넣은 비빔국수, 콩국수, 온면과 칼국수가 대표적이다. 서양의 대표적인 면 요리로는 스파게티가 있다.

국수는 아주 오래전부터 아시아 지역중국에서 만들어 먹기 시작했다는 설이 있지만 정확하게 규명된 바는 없다. 국수의 주원료인 밀은 기원전 7,000년경부터 메소포타미아에서 재배되었다고 알려져 있으며 기원전 1~2세기경에 실크로드를 통해 중국에 전해졌다고 한다. 당시 중국에서 밀은 매우 귀한 것으로 귀족이나 왕족들의 결혼식, 제례 등과 같은 특별한 날에 먹는 특식이었다. 결혼식 때 국수를 먹는 풍습이 이때부터 생겨나기 시작한 것으로 추정된다. 우리나라 조선시대에는 밀가루를 진말眞末이라 하여 매우 귀한 국수의 재료로 취급하였고, 서민들은 밀 대신 메밀을 이용한 국수를 주로 먹었다. 당시에는 밀로 국수를 만들려면 밀을 맷돌로 갈아 밀가루를 만든 후 다시 물을 넣어 반죽을 하고 평평하게 편 다음 잘게 잘라야 비로소 오늘날의 국수의 형태가 나왔다.

우리나라 북쪽 지방에는 메밀이 많이 생산되어 메밀을 이용한 국수를 먹었고, 함경도 지역에서는 감자전분 국수로 만든 냉면을 먹었으며, 남쪽에서는 밀가루를 이용한 칼국수가 발달하게 되었다. 우리나라에서도 결혼 등 잔치나 제사상에 국수를 올리는데, 국수가 올려지는 이유는 국수모양이 길게 이어진 것이 경사스러운 일로 이어진다고 믿기 때문이다. 회갑에 먹는 국수는 어르신의 장수를 의미하기도 한다.

중국인들은 14세기 이후부터 이탈리아 풍속화에 파스타가 등장하는 것에 대해 마르코 폴로가 중국에서 베네치아로 돌아갈 때 중국의 국수를 가져갔기 때문이라고 주장하기도 한다. 그러나 이탈리아인들은 서기 1세기 마르티노 코르노가 쓴 《시칠리아식 마카로니와 베르미첼리 요리》에 파스타 조리법에 기록되어 있어 중국의 국수가 이탈리아 파스타의 시초라는 주장은 어불성설이라며 거세게 반발했다. 14세기 이전에 파스타가 존재했지만 풍속화에 잘 나타나지 않았던 점을 통해 파스타가 이탈리아에서도 만들어 먹기 쉽지 않았던 귀한 음식이었음을 추측할 수 있다. 파스타를 반죽하는 데 노동력이 많이 들고 만든 후 자연 건조하는 데 오랜 시간이 걸리기 때문에 간편하게 만들어 먹는 일상적인 음식이 아님을 알 수 있다. 국수가 예전에 중국이나 우리나라에서 잔칫날에 작정하고 만들어야 먹을 수 있었던 것처럼 파스타 또한 특별한 날에 먹는 귀한 음식이었다.

밀국수 같은 경우 밀의 재배 품종이나 환경에 따라 밀 속에 들어 있는 글루텐^{gluten}의 함량과 성질이 달라져서 면의 종류도 달라진다. 글루텐은 물에 녹지 않는 매우 끈끈한 물질의 단백질인데 저분자의 글리아딘^{gliadin}과 고분자의 글루테닌^{glutenin}의 혼합물로서 밀가루 안에 6~12% 정도 들어 있

다. 글루텐이 그물망 구조로 되어 있기 때문에 밀가루를 국수나 빵과 같은 형태로 가공할 수 있다. 쌀로는 빵을 만들 수 없는데 그 이유는 쌀에도 오리제닌^{oryzenin}이란 단백질이 소량 들어 있기는 하지만 그물망 구조인 글루텐이 없기 때문에 밀에서 추출한 글루텐을 첨가하지 않으면 국수나 빵을 만들기 어렵다. 메밀가루는 글루텐이 함유되어 있지 않아서 밀가루나 녹말가루를 섞어 익반죽하여 국수를 만드는데, 메밀가루와 밀가루의 비율은 7:3 또는 5:5로 혼합하여 만든다. 그 외에도 녹두, 칡, 마, 도토리, 밤 등의 녹말로 국수를 만들 수 있다.

중국이나 우리나라의 국수는 밀을 가루를 내어 물을 섞어 반죽한 것을 가늘게 만든 후 다시 건조한 것으로 제조 형태에 따라 납면拉麵, 압면押麵, 절면切麵, 소면素麵, 하분河粉 등으로 나뉜다. 납면은 국수 반죽을 양쪽으로 당기고 늘여 여러 가닥으로 만든 국수로서 중국의 중화면과 라면이 대표적이다. 압면은 국수 반죽을 구멍이 뚫린 틀에 넣어 통과시킨 후 물에 삶은 국수로서 냉면과 당면이 대표적이다. 절면은 밀가루를 손으로 반죽한 다음 밀대로 얇게 민 후 반죽을 칼로 썰어 만든 국수로 칼국수, 우동 그리고 소바가 대표적이다. 소면은 밀가루 반죽을 길게 늘여 막대기에 면을 감아 당겨 가늘게 만드는 것으로 우리나라의 소면과 중국의 선면이 대표적이다.

이에 반하여 파스타는 밀가루와 물 외에도 달걀노른자, 올리브유를 넣어 반죽한 후 기계를 이용하여 면으로 뽑는다. 파스타에 색을 내려면 채소나 과일 등을 파우더로 만들어 밀가루 반죽에 약 1~5% 정도의 함량을 첨가하면 된다. 노란색은 치자, 초록색은 브로콜리나 시금치, 붉은색은 비트, 주황색은 파프리카나 당근, 검은색은 오징어 먹물 등을 사용하여 만들수 있다. 19세기에 들어오면서 압착기에 구멍이 뚫린 동판을 붙여 다양한 모양의 파스타를 생산하게 되었고, 1933년 브라이반테 형제가 파스타의 연속 공정이 가능한 기계를 개발하여 파스타의 대량 생산과 대중화가 가능하게 되었다. 더구나 파스타 소스가 유니레버사Unilever에 의해 대량 생산되면서 가정집에서도 쉽게 요리해 먹을 수 있게 되었다.

출출할 때 맛있게 먹었을 뿐

소시지와 순대

서양 사람들이 즐겨 먹는 음식 중에 소시지가 있다면 우리나라 사람에게는 맛있는 순대가 있다. 출출할 때 잘 구운 소시지에 케첩이나 겨자를 발라 먹으면 참 맛이 있다. 또 포장마차에서 파는 순대는 돼지 간이나 허파 등의 부산물과 함께 양념 소금에 찍어 먹으면 그 맛이 일품이다. 소시지와 순대는 유사한 점이 많은데 각종 원료육과 양념을 돼지 창자에 넣는 방법도 그렇고 특히 혈액이 들어간다는 공통점이 있다.

소시지^{sausage}의 어원은 소금에 절인다는 라틴어 'salsus'에서 유래되었다. 소시지는 원래 비싼 부위의 고기를 살 수 없는 가난한 사람을 위한 것으로 고급 제품인 햄이나 베이컨을 제조하고 남은 고기를 주원료로 사용해 만든다. 여기에 내장, 심장, 혀, 간, 머리 고기 및 혈액 등을 부원료로 하여 향신료, 조미료, 염지제, 증량제 및 기타 첨가물을 잘 혼합한 뒤, 케이싱에 충전하고 제품의 종류에 따라 알맞은 제조 공정을 거친 제품이다. 소시지는 나라와 지역별로 원료와 제조법이 다양하고, 각 지역의 풍토나 소비자 기호에 따라 변하기도 한다.

소시지는 역사가 상당히 길다. B.C. 9세기의 고대 그리스의 시인 호메로스의 작품인《오디세이아》에 보면 "병사들이 동물의 창자에 고기 반죽을 넣은 것을 먹었다"는 기록도 있다. 소시지는 그리스와 로마시대에 이르러 사람들의 사랑을 받는 음식이 되어 여러 문학 작품에 등장하기도 한다. 소시지는 종류가 아주 많지만 크게 도메스틱 소시지domestic sausage와 드라이 소시지dry sausage로 구분된다. 우리가 일반적으로 먹는 소시지는 도메스틱 소시지로 생소시지, 훈연 소시지 그리고 가열처리 소시지로 세분화되며, 수분 함량이 높고 부드러운 데다가 맛이 좋으면서도 가격이 높지 않아 소비량이 많은 편이다.

드라이 소시지는 신선한 원료육을 고가의 향신료와 함께 바람이 잘 통하는 케이싱원료육을 충전해서 육제품의 형태를 만드는 포장재료에 충전한 후 열을 가하지 않고 장기간 저온 건조와 저온 곰팡이 숙성을 시킨 제품이다. 저장성이 높고 바로 식용이 가능하다는 장점이 있다. 유럽에 가면 곰팡이가 하얗게 표면을 덮고 있으면서 다양한 냄새가 나는 고가의 소시지가 있는데 그게 바로 드라이 소시지이다. 나라별로 다양한 소시지가 생산되는데 특히 우리나라에서 사랑받는 종류의 소시지로는 오스트리아 빈에서 유래된 엄지손가락 굵기의 길쭉한 비엔나소시지 그리고 이탈리아의 반건조 소시지로 보통 얇게 썰어 샌드위치나 피자에 올려 먹는 살라미나 고추가 첨가되어 매운맛을 지닌 페페로니 등이 있다. 볼로냐소시지는 굵게 만들어 훈제한 소시지로 얇게 저민 후 볼로냐 샌드위치에 끼워 먹는다. 프랑스의 앙두이^{andouille} 는 고추, 후추, 마늘, 양파 그리고 각종 향신료를 넣어 매콤한 맛을 내는 소시지인데, 프랑스 이민자들이 미국 루지에나^{Louisiana} 주에 전해줘서 케이준 요리에 사용되고 있다.

반면에 순대는 우리나라의 전통음식으로 동물의 잡육, 내장 그리고 피를 이용한 음식이다. 중국 북위^{北魏}의 가사협^{賈思勰}이 6세기에 저술한《제민요술^{齊民要術}》에 의하면 양의 고기와 피를 다른 재료와 함께 창자에 넣어 삶아 먹는 법이 기록되어 있다. 순대 만드는 방법은 우리나라에서도 일찍부터 있었을 것으로 생각되지만, 고려 말 몽골군이 한국에 침략하면서 우리나라에 전파되었을 것으로 추측되기도 한다. 우리나라에도 빙허각 이씨가 엮은《규합총서》에 소창자찜에 대한 기록이 있고, 저자 미상의 조리서인《시의전서》에 순대 만드는 법이 기록되어 있다. 순대는 지역마다 특색이 있는데, 경기도 지역의 백암순대는 돼지 창자에 돼지고기, 선지, 당면, 배추, 양배추, 양파 등을 꽉 채우고 끝을 실로 묶어 찜통에 육수를 붓고 약한 불에 삶아서 만든다. 함경도의 아바이순대는 순대 속에 찹쌀이 들어가서 식감이 찰진 것이 특징이다.

소시지의 경우 케이싱은 동물의 내장으로 만든다. 원료육을 충전하는 데 오래전부터 사용되어온 것은 소 케이싱^{beef casing}, 돼지 케이싱^{hog casing}, 양 케이싱^{sheep casing}이 있다. 순대는 케이싱 역할을 하는 것으로 돼지의 막창을 사용해왔다. 천연 케이싱은 통기성이 있고, 훈제가 가능하며 원료육에 밀착이 되기 때문에 제품의 외관에 좋고 그대로 먹을 수 있는 장점이 있다.

정말 역사가 비슷하다고?

식해와 스시

우리나라 동해안에 위치한 속초에 가면 6·25 전쟁 후 이북 사람들이 모여 살면서 형성된 아바이마을이란 곳이 있다. 아바이마을에 가면 집집이 가자미식해를 담가서 먹는다. 새콤하고 싱싱한 가자미 살을 더운 쌀밥 위에 얹어 먹으면 참 맛있다. 그런데 가자미식해와 일본의 스시는 기원이 매우 유사하다.

우선 식해^{食醢, 소금에 절인 형태의 물고기}는 신선한 생선과 쌀이나 조, 소금 그리고 고추·마늘·파 등의 양념을 첨가해 만든다. 식해는 쌀을 많이 생산하는 동남아시아에서 처음 담그기 시작한 것으로 보인다. 벼의 생산지가 점차 동남아 내륙으로 옮겨 감에 따라 바다에서 좀 멀어진 태국, 버마와 라오스 등에서는 바다 생선보다는 은어, 연어, 뱀장어, 붕어 등 민물고기가 많이 잡히는데 기후가 더워서 항상 저장의 문제가 생긴다. 잡힌 민물고기들은 건기에는 말릴 수 있지만 우기에는 잘 마르지 않아 상하기가 쉽다. 염장을 하면 좋은데 소금은 값이 비싸서 염장 어류를 많이 만들 수 없었다. 그러다가 생선에 최소한의 소금과 쌀밥을 섞은 후 항아리에 넣어 서늘한 곳에 두면 생선의 부패가 억제되어 오랫동안 먹을 수 있다는 사실을 알게 되었는데 이것이 식해의 원형이다. 지금으로부터 1,800년 전인 기원 2세기 초에 중국의 경학자 허신이 편찬한 《설문해자設文解字》에 식해에 관한 첫 기록이 있다.

지금은 속초의 대표적인 향토 음식이 되었지만 가자미식해는 원래 함경도 지방의 향토 음식 중의 하나였다. 함경도 가자미식해는 좁쌀로 지은 밥을 넣어 담그지만, 동해안 지역은 보리밥이나 쌀밥을 넣어 담가 먹었다. 속초의 가자미식해는 신선한 노랑가자미를 재료로 사용해 만든다. 우선 가자미의 비늘과 내장을 제거한 후 소금을 뿌려 하루 정도 절여 둔다. 절인 가자미를 채반에 널어 꾸덕꾸덕하게 말린 후 먹기 적당한 크기로 잘라 소금에 살짝 절인 무채, 엿기름, 좁쌀밥에 고춧가루, 생강 등 양념을 넣어 골고루 버무리고 나서 항아리에 꾹꾹 눌러 담은 다음 큰 돌로 눌러서 서늘한 곳에 4~5일 정도 삭히면 맛있는 식해가 완성된다. 식해의 재료로는 가자미 외에도 생태와 도루묵을 사용하기도 하는 등 지방마다 약간의 차이가 있다. 식해의 맛은 새콤하면서 고춧가루의 매운맛과 어우러져, 밥반찬으로 썩 잘 어울린다.

스시라는 말에는 '맛이 시다'라는 뜻이 있다. 스시는 일본이 아니라 동남아시아에서 처음 만들어졌지만 지금은 일본의 대표적인 전통음식이 되었다. 일본의 스시는 식품저장법이 발달한 동남아시아의 영향을 받아 지금으로부터 1,300여 년 전인 나라시대奈良時代, 710~794에 스시의 원형이 만들어진 것으로 생각된다. 대표적인 예가 일본의 사가현에 향토 요리로 남아 있는 붕어스시후나즈시이다. 붕어스시는 민물에 사는 붕어의 내장을 빼내어 소금에 적당히 절인 다음 쌀밥을 붕어의 배 속에 넣은 후 그것을 항아리에 차곡차곡 담고 나서 무거운 돌을 얹어 서늘한 곳에서 수개월 동안 유산 발효시켜 만들었다. 이때 붕어스시 속에 발효된 밥은 밥알의 형태가 유지되지 않았다. 그래서 발효된 붕어는 배 속의 밥을 제거한 다음 적당한 크기로 썰어서 먹는데 붕어의 비린내 때문에 붕어스시를 못 먹는 사람들이 많았다.

그 후 가마쿠라시대鎌倉時代, 1185~1333부터는 와카야마현과 아리타니코 지방에서 소금에 절인 고등어에 밥을 넣고 발효시키지만 밥알의 형태가 유지되는 나마나레라는 스시가 전해지고 있다. 대략 500년 전에 생선과 밥을 함께 발효시키는 유산발효 대신 밥과 생선에 직접 식초를 첨가해 신맛을 내는 하야즈시가 생겨났고 이것이 발전하여 오늘날에 보편화된 스시가 탄생하게 되었다. 현재의 스시는 만드는 방법과 재료에 따라 다양하게 분류된다. 참치, 가다랑어, 참돔, 연어, 자어, 전복 등 제철 어패류를 얹힌 초밥에 와사비를 살짝 바른 니기리즈시, 김 위에 식초를 뿌린 밥을 넓게 펴서 생선 등의 재료를 올리고 둥글게 말은 다음 적당한 크기로 자른 마키즈시, 초밥 틀에 생선을 올린 후 눌러 만드는 오시즈시, 유부 속에 초밥을 넣어 만든 이나리즈시^{유부초밥} 등이 대표적이다.

전 세계적으로 우리나라의 식해나 옛날 형태의 스시와 비슷한 음식이 존재한다. 그중에는 라오스의 빠솜이 있는데, 잡은 민물고기를 소금에 절인 다음 밥과 섞어 한 달 정도 발효시킨 것으로 라오스 식단에 필수적인 반찬이다. 캄보디아에도 생선을 밥에 넣어 삭힌 뻐어라는 음식이 있는데, 치즈처럼 시큼하면서 고소한 맛이 난다고 한다. 중국의 둥족마을에는 옌

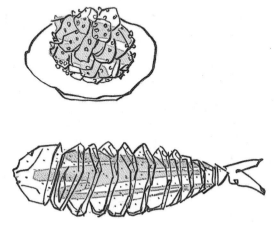

위가 있는데, 옌위는 둥죽마을에서 벼농사를 위해 조성된 논에서 기른 민물고기를 손질해서 소금에 절인 후, 찹쌀, 고춧가루와 함께 골고루 버무리고 나서 나무통 안에 층층이 쌓아 삭히는 방법으로 만들었다.

그런데 신선한 생선을 소금과 밥에 버무려서 서늘한 곳에 넣으면 왜 상하지 않는 걸까? 강이나 바다에서 잡은 생선을 밖에 오래 방치하면 다양한 부패균이나 병원균이 자라 생선을 상하게 되고 상한 생선을 사람이 먹게 되면 식중독에 걸리게 된다. 그러나 생선에 소금을 적절히 치고 쌀밥이나 조밥을 버무려 놓으면 우선적으로 유산균이 자라게 되고, 유산균은 젖산$^{lactic\ acid}$과 나이신^{nisin} 등 다양한 항생물질을 만든다. 이렇게 만들어진 젖산 등의 항생물질은 생선에 있는 부패균이나 병원균을 억제하거나 사멸시켜서 안전한 식품으로 재탄생시켜준다. 이렇게 재탄생한 식해와 스시를 통해 아시아 지역에 살았던 많은 사람이 우수한 단백질원을 얻을 수 있었다.

등급에 따라 달라진다
하몽과 프로슈토

스페인의 대도시에 가면 서양 햄의 일종인 하몽이 있다. 비슷한 형태의 햄이 이탈리아에도 있는데 프로슈토라고 부른다. 하몽이나 프로슈토는 종잇장처럼 얇게 썰어서 그 자체로 먹거나 과일이나 치즈와 함께 먹는다. 가장 많이 사용되는 방법은 잘 익은 멜론 위에 얇게 썬 하몽을 얹어서 먹는 '멜론 콘 하몽^{Melón con jamón}'으로, 과일의 달달한 맛과 짭조름한 맛이 어우러진 독특한 요리이다. 하몽 샌드위치는 발효시킨 빵에 벌꿀을 바른 후 치즈와 서양 채소인 신선한 루콜라, 그리고 얇게 썬 하몽을 얹어서 먹는 것으로 스페인 사람들의 기호 음식이다. 프로슈토는 이탈리아에서 고급 피자, 샐러드, 파스타 또는 리소토의 토핑으로 사용하거나 식빵에 모차렐라 치즈, 바질, 얇게 썬 토마토와 프로슈토를 얹어서 먹기도 한다. 하몽이나 프로슈토에는 근육 조직 사이로 지방층이 섞여 있는데 이 지방을 제거하면 안 된다. 그 이유는 지방이 하몽이나 프로슈토의 향과 맛 그리고 전체적인 질감에 균형감을 주기 때문이다.

하몽의 등급은 돼지의 종류와 사료 등에 따라 여러 단계로 분류된다. 일반 돼지로 만들면 하몽의 가장 낮은 등급인 하몽 세라노serrano, 스페인 토종 흑돼지로 만들면 하몽 이베리코iberico가 된다. 하몽 이베리코에는 돼지의 먹이에 따라서 세 가지 등급으로 나뉘는데 이베리코 데 데세보decebo, 이베리코 데 레세보recebo, 그리고 이베리코 데 베요타bellota로 구분된다. 특히 하몽 이베리코 중에서 도토리만을 먹여서 기른 이베리아종 흑돼지로 만든 이베리코 데 베요타는 하나의 아름다운 예술품같이 취급된다.

이베리코 데 베요타를 만들기 위해서는 돼지를 기르는 방법부터가 독특하다. 돼지 한 마리당 3,000평의 공간을 확보한 후 3~4개월 된 돼지를 도토리가 심어진 야산에 방목한다. 방목된 이베리코산 돼지들은 산에서 즐겁게 뛰어다니며 배고프면 먹이인 도토리를 먹고, 물을 마시기 위해서 산 밑에 있는 계곡에 가서 물을 먹기 때문에 매일 엄청난 양의 엄청난 운동을 하게 된다. 이베리코산 돼지들이 주식으로 먹는 도토리의 양은 하루 평균 10kg 정도이며 그 외에 산에서 자라는 각종 풀을 먹고 자라는데, 한창 클 때는 돼지의 몸무게가 매일 1kg 정도 늘어난다. 이렇게 자란 돼지는

다리에 지방이 별로 없고 단단한 근육이 형성된다. 이런 돼지로 하몽을 만들면 육질이 쫀득쫀득하면서 은은하게 도토리 향이 난다. 그 대신 근육이 너무 많아 숙성 기간이 2배 이상 걸리기 때문에 생산 단가가 비싸진다. 이베리코 데 베요타는 절대 다른 요리를 위한 식재료로 사용하지 않고, 얇게 썰어서 그것만을 먹는다. 요리사들 사이에서는 이베리코 데 베요타를 식재료로 사용하는 것이 금기시되어 있고, 식재료로 사용하는 것은 베요타에 대한 모독으로 여겨진다고 한다.

사육하는 방법에 따라 하몽이나 프로슈토의 재료가 되는 돼지 뒷다리의 근육량이 다른데, 축사에서 키운 돼지는 방목한 돼지로 만든 하몽이나 프로슈토에 비해 지방이 두꺼우면서 살이 무르고 쫀득쫀득한 식감이 덜

하다. 또한 하몽과 프로슈토의 단가를 낮추기 위해서 돼지의 앞다리를 사용하기도 한다.

하몽이나 프로슈터는 돼지 뒷다리, 질 좋은 천일염, 신선한 공기에 의한 건조, 그리고 숙성에 의해 만들어진다. 하몽이나 프로슈터를 전통적인 방법으로 만들면 대략 1년 이상 걸리고 고가의 제품들은 2~4년 정도 걸리기도 한다. 하몽과 프로슈토는 주로 스페인과 포르투갈, 그리고 이탈리아 중북부 등에서 만들어지는데 이곳들의 공통적인 기후 조건은 산악 지역이면서 매우 건조하고 겨울에 추운 지역이라는 것이다. 하몽이나 프로슈토 제조는 주로 겨울철인 12월이나 1월에 시작하며 대개 주재료인 뒷다리가 10kg 이상인 것을 사용한다. 우선 깨끗하게 손질된 다리에 천일염을 뿌리고 나서 녹을 때까지 여러 번 문지르며 약 2달간 염지한다. 염지가 끝나면 세척을 한 후 서늘한 동굴에서 6개월 이상 건조 숙성을 시키면 자연스럽게 곰팡이가 자라면서 독특한 향미가 형성된다.

하몽이나 프로슈토의 맛은 좋은 원료와 제조 방법도 물론 중요하지만 돼지 뒷다리를 얼마나 잘 저미는가에 의해서 결정된다. 다리 살을 잘 저미지 못하면 하몽이나 프로슈토의 품질이 많이 떨어지기 때문에 아주 얇고 잘 휘어지는 칼을 사용해 살을 아주 얇게 저미는 것이 중요하다. 스페인에서는 각 지역마다 햄 커팅 대회를 개최하여 커팅마스터를 선발할 정도로 저미는 기술을 중요시한다. 만들어진 생햄은 뒷다리의 부위에 따라 맛이 크게 다른데 절단된 다리의 끝 부위는 푼타^{punta}라고 하여 지방이 다른 부위에 비해 많은 편이고, 다리 안쪽 부위인 바비야^{babilla}는 아주 부드러워서 많은 사람이 선호하는 부위이다. 다리 뼈 위쪽의 부위인 마짜^{maza}는 쫀득쫀득한 조직감이 특징이다.

우리나라에서도 청정지역이면서 주로 도토리나 밤이 잘 자라나 토종 돼지 방목이 가능한 지리산이나 한라산 같은 산악지역이라면 하몽이나 프로슈토의 제조가 가능하다. 우리나라에서도 고품격의 하몽이나 프로슈토와 같은 생햄을 제조할 수 있기를 기원한다.

종교는 음식을 구분 짓고
코셔와 할랄 식품

전 세계 음식문화는 대부분 종교와 밀접한 관련이 있다. 특히 중동을 여행할 때에는 금기시된 음식들이 많으므로 유의해야 한다. 유대인과 이슬람인들은 종교의식 차원에서 도살한 것이 아닌 육류는 먹지 않는다. 할랄 식품은 2019년에는 전 세계 식품시장에서 21% 이상을 차지할 것으로 예상될 정도로 식품산업에서는 아주 중요한 시장이다. 무슬림이 한국 음식 중에서 선택할 수 있는 것은 불고기, 비빔밥, 갈비, 삼계탕 등의 한식인데, 아랍에 이러한 제품을 수출하기 위해서는 할랄 인증이 필수이다. 라면을 수출하려고 해도 할랄 인증을 반드시 받아야 한다.

이태원에 가면 이슬람 사원이 있고 인근에는 할랄 인증 식당이 많이 있다. 이슬람인들은 할랄^{Halal, 이슬람 율법}에 따라 먹을 수 있도록 허용된 음식만을 먹고, 유대인들은 코셔^{Kosher, 유대인의 율법}에 따라 만든 정결한 음식만을 먹는다. 할랄 식품과 코셔 식품은 비슷한 점이 많다. 아랍 지역을 여행하는 여행자들이 홍해나 걸프만에서 잡히는 문어나 조개를 먹는 모습은 아랍인들에게는 매우 흥미로운 볼거리가 되기도 한다. 할랄 푸드로 유명한 양고기 케밥은 전 세계 사람들에게 아주 익숙한 음식이다. 그리고 아랍에서는 낙타 바비큐가 아랍 최고 음식으로 소개되기도 한다.

코셔는 '합당한' 또는 '허용된'이란 뜻으로, 유대교의 음식은 식사에 관련된 율법인 카샤룻^{Kashrut}에 의해 먹기 합당한 음식과 그렇지 않은 음식이 철저히 구분되고 있다. 채소와 과일은 모두 허용되나 어류는 지느러미와 비늘이 있어야 한다. 따라서 장어, 문어나 오징어, 새우, 굴, 조개 등의 갑각류는 먹을 수 없다. 조류는 닭, 비둘기 등은 허용되나 육식성 조류인 독수리나 매는 허용이 안 되고 각각의 알도 허용되지 않는다. 육류는 되새김위가 있고 발굽이 갈라진 동물인 소, 양, 염소 등은 허용되지만, 말, 낙타 등은 되새김질을 하지만 굽이 갈라지지 않아서 허용되지 않고, 돼지는 굽은 갈라졌지만 되새김질을 하지 않아 허용되지 않는다. 특히 코셔의 재료인 조류나 육류도 유대교의 율법에 따라 도살해야 하고, 도살한 후에는 반드시 소금을 사용하여 피를 제거해야만 한다. 또한 육류는 유제품인 우유나 치즈와 함께 먹어서는 안 된다. 또한 코셔 식품은 식기^{食器}에도 엄격히 적용되어 코셔가 아닌 음식을 담았거나 닿았던 식기는 반드시 끓는 물에 삶거나 불로 지져서 소독해야만 사용할 수 있다. 또한 육류와 유제품은 반드시 식기를 분류해서 사용해야 한다.

할랄은 아랍어로 '허용할 수 있는'이라는 뜻으로 율법인 샤리아^{Shariah}에 따른 음식이다. 금지된 대표적인 식품으로는 돼지고기와 돼지의 부위로 만든 모든 음식이다. 그 동물의 피와 그 피로 만든 모든 식품도 해당된다. 할랄에 적합한 육류라도 알라의 이름으로 도축해야만 허용이 된다. 또한 도축하지 않고 죽은 고기, 야생 동물의 고기, 애완동물, 말, 그리고 메뚜기를 제외한 모든 곤충의 식용이 금지되어 있다. 해산물은 코셔와 달리 무슬림 사이에 다양한 의견이 있다. 비늘이 있는 모든 물고기는 할랄 식품으로 보며 일부 시아^{Shia}파에서는 새우도 할랄로 간주한다. 하지만 하나피^{Hanafi}파는 새우, 가재, 게, 조개를 포함한 모든 갑각류를 금하고 있다.

유대교의 코셔와 이슬람의 할랄에는 상당히 많은 공통점이 존재한다. 둘의 공통적인 금기 음식은 돼지고기이며, 반면에 소, 양, 염소 등은 양쪽 다 허용하고 있다. 개구리 등과 같은 양서류는 양쪽 모두 금기하고 있으며, 낙타고기의 경우 유대교에서는 금기시하지만 이슬람에서는 허용하고 있다. 유대인들은 메뚜기와 귀뚜라미 등의 곤충은 허용하는 반면 이슬람에서는 메뚜기를 제외한 모든 곤충을 금기 식품으로 간주하고 있다. 동물을 도축할 때도 날카로운 칼로 단번에 죽여야 하고, 짐승을 도축한 후 피를 제거해야 한다는 점이 동일하다. 단, 이슬람에서는 동물을 도축할 때 알라의 이름을 말하도록 규정하고 있다. 일반적으로 이슬람교에서는 알코올 성분이 조금이라도 들어 있는 음식의 섭취를 금하고 있지만 유대교에서는 알코올을 금하고 있지 않다. 일부 이슬람교도들은 유대인의 코셔에 맞춰 생산한 고기를 먹기도 한다. 이슬람의 할랄 인증은 지역과 전통에 따라 인증기관이 다르지만, 유대인의 코셔는 유대인의 공동체 대의기구인 '이스라엘 종무국'에서 코셔 인증을 해주고 독점 관리를 하고 있다.

코셔와 할랄 식품의 기본 정신은 청결성과 영혼성에 있다. 더운 지방에서 쉽게 부패하는 음식은 생존과도 직결될 수 있다. 돼지고기가 금기되는 이유는 돼지고기가 다른 육류에 비해 자연 상태에서 쉽게 건조되지 않으며, 지방질이 많고, 쉽게 부패하기 때문에 금기 식품으로 정해진 것으로 보인다. 그러나 현대에 와서는 돼지의 위생적인 도살과 보관이 가능하여 전 세계 사람들의 소중한 단백질원이 되고 있다.

무엇이 무엇이 똑같을까

메밀국수와 소바

 여름철에 먹는 냉 메밀국수는 참 맛있다. 시원한 육수를 넣은 강원도 막국수, 평양 물냉면, 그리고 간장 육수에 찍어 먹는 일본식 냉소바 모두 더운 여름철에 무더위를 날릴 수 있는 좋은 음식이다. 우리나라 사람들은 메밀국수를 먹을 때 비빔으로도 먹지만, 얼음을 띄운 육수에도 말아서 먹기 때문에 육수 제조에도 많은 공을 들인다. 하지만 일본은 메밀국수의 메밀 향을 중시하기 때문에 간장 국물에만 살짝 찍어서 먹는 습관이 있다.

 메밀은 전 세계적으로 재배되고 있는데 특히 아시아의 해발이 높은 산지와 척박한 땅에서도 잘 자라는 구황작물로 우리나라에서는 주로 강원도에서 재배되고 있다. 대표적인 메밀 식품으로는 냉면, 막국수, 메밀묵, 부침, 수제비, 전병 등이 있고 그 외에 메밀차, 메밀 막걸리로도 이용되고 있다. 메밀을 국수 등으로 만들게 된 것에는 7세기 우리나라에서 사용된 맷돌이 큰 영향을 미쳤다. 말린 메밀의 껍질을 까고 알곡을 맷돌로 갈아서 가루로 만들어 밀가루를 섞은 다양한 형태의 메밀 음식을 제조하게 되었다. 일본은 조선 승려 원진이 일본 덴쇼[1573~1593] 때 메밀에 밀가루를 혼합하는 제면 기술이 전수하면서 메밀 음식이 대중화되기 시작했다.

메밀에는 국수나 빵을 만들 때 중요한 성분인 글루텐이 일부 들어 있지만 열에 의해 분해되기 때문에 수확 후 시간이 경과된 메밀로 만든 메밀가루는 찰기가 부족해서 면으로 뽑아내는 것이 거의 불가능하다. 그러므로 메밀국수를 만들기 위해서는 금방 수확한 메밀을 사용하거나 냉장 보관한 메밀을 사용해 가루를 내어 반죽해야 한다. 일반적 상온에서 저장한 메밀은 밀가루와 섞어 국수를 만들게 된다. 일본의 메밀국수는 메밀과 밀가루의 비율이 100% 메밀가루[쥬와리], 10:1[소토이처], 9:1[잇큐], 8:2[니하처], 5:5[도와리]로 다양하다. 우리나라의 건조 메밀국수는 대부분 메밀과 밀가루의 비율이 3:7이나 4:6 정도이다. 메밀의 함량이 높으면 면이 잘 끊어지고, 메밀의 독특한 향이 강해서 익숙지 않은 사람들은 쉽게 질린다. 그러므로 메밀국수에 메밀 함량이 무조건 높아야 한다는 생각은 옳지 않다. 밀가루를 넣는 것은 비용 절감의 목적보다는 메밀국수의 단점을 보완해서 더욱 부드럽고 쫄깃한 조직감을 부여하기 위함이다. 일반인이 메밀 함량 100% 소바를 먹으면 너무 푸석거리고, 향이 강해서 거부감을 느끼기도 한다. 일본에서는 메밀과 밀가루의 비율이 8:2인 니하치가 메밀 마니아들이 즐겨 먹는 국수라고 한다. 이처럼 밀가루가 적당량 첨가된 메밀은 메밀국수를 더 맛있게 만들어주기도 한다. 메밀국수의 색은 하얀색에서 검은색까지 다양한데 이것은 메밀가루를 만들 때 검은색 껍질의 혼입 정도에 의해 결정된다. 하얀 메밀국수는 메밀껍질이 거의 혼입이 안 된 것이고 검은색이 진할수록 메밀껍질이 많이 들어간 것이다.

메밀로 만든 국수는 조선시대에 관례가 끝나면 손님들에게 제공되던 별식이었다. 함경도는 메밀국수를 된장국과 김칫국물에 말아 먹는 국수로 유명하고, 평안도와 강원도는 냉면과 막국수가 향토 음식이다.

메밀국수를 삶아서 건진 후 식힌 국수에 뜨거운 장국을 말아서 먹으면 온면, 차갑게 먹으면 냉면, 그리고 바로 만든 면에 양념과 육수를 섞어 먹으면 막국수다. 메밀 국수장국^{온면}은 보통 메밀과 밀가루를 7:3이나 5:5 비율로 만드는데, 일단 메밀가루를 반죽하여 국수틀에 넣고 국수를 뽑아낸다. 국수를 삶은 후 찬물에 잘 행군 다음 사리를 만들고 나서 소고기로 끓인 장국을 놋그릇에 담은 후 국수를 말면 온면이 완성된다.

강원도 막국수는 잘 삶은 메밀국수에 주로 김칫국물을 부어서 김치와 절인 오이를 넣어 먹는다. 평양냉면은 꿩이나 쇠고기, 사골을 고아 만든

국물에 찬 메밀국수를 말아먹는 것으로 평양지방의 향토 음식이다.

일본의 소바는 종류에 따라 뜨거운 국물이나 차가운 국물과 함께 먹을 수가 있는데 차갑게 먹는 냉 소바는 소바를 삶아 찬물에 씻어 대나무 소쿠리에 담은 후 쓰유에 면을 찍어 먹으면 쓰케소바, 오이와 미역 등 고명을 얹은 면에 쓰유를 부어 섞어 먹으면 붓카케소바라고 한다. 뜨겁게 먹는 소바를 아타타카이소바라고 하는데 면을 삶아 그릇에 담고 따뜻한 간장 국물에 고명으로 덴푸라, 달걀, 마, 미역, 유부, 튀김 부스러기 등을 얹기도 한다.

메밀은 《동의보감》에 "비위장의 습기와 열기를 없애주며 소화가 잘되게 하는 효능이 있어 체기가 내려가게 한다"고 기록되어 있다. 따라서 무더운 여름철에 체질적으로 열이 많은 사람이 메밀을 먹으면 몸에 쌓여 있는 열기가 빠져나가면서 몸이 가벼워지게 된다. 메밀에는 다른 곡류에 비해서 단백질이 12~14%로 많이 포함되어 있고, 더구나 쌀에 부족한 라이신이 5~7% 들어 있다. 특히 섬유소와 고혈압으로 인한 뇌출혈 등의 혈관 손상 예방제로 쓰이는 루틴이 많이 함유되어 있다.

밥상 위에 차려진 역사 한 숟갈

초판 1쇄 발행 2018년 9월 25일
초판 2쇄 발행 2018년 11월 15일

글쓴이 · 박현진
그린이 · 오현숙
펴낸이 · 김동하

펴낸곳 · 책들의정원
출판신고 · 2015년 1월 14일 제2016-000120호
주소 · (03955) 서울시 마포구 방울내로9안길 32, 2층(망원동)
문의 · (070) 7853-8600
팩스 · (02) 6020-8601
이메일 · books-garden1@naver.com
블로그 · books-garden1.blog.me

ISBN 979-11-87604-77-8   03900